KB111513

피렌체,
당신이 날 불렀죠

정시원 여행산문집

프롤로그

이탈리아

스페인

내게 너무 특별한 그녀

이탈리아 Again

노르웨이

스웨덴

에필로그

1. 여행의 시작

지난 연말의 어느 날, 나는 문득 두려워졌다.
지나간 해와 비슷한 내년을 맞이할 것이라는 게.

사회생활을 시작할 때부터 유난히 나라밖에서의 업무가 많았던 나는 일 년의 삼 분의 일, 때로는 절반을 해외에서 보내기도 했다. 새로운 나라의 새로운 사람들과 사업을 시작하고 협력하는 것이 즐거웠다. 한편으로는 낯선 나라 낯선 도시의 호텔에서 혼자 보내야 하는 시간들은 점점 불편해졌다.

이십 년간 나는 '기업'이라는 곳에서 일하면서 그것의 목표, 달리 말해 회사와 사장님이 원하는 목표를 나의 목표로 삼고 일해왔다. 더 많이, 더 빨리, 더 효율적으로 돈을 벌어들이면서, 동시에 도전해 보고 싶었던 일을 했고, 남들이 가보지 않은 길을 걸었다. 벅차오르던 순간도, 찐한 동료애도, 짜릿한 보람도 느꼈다. 숫자가 인격을 대신하는 곳에서 운 좋게도 나의 승률은 준수했다. 아무도 기대하지 않았던 큰 계약을 덜커덕 따내기도 했고 해내고자 마음 먹으면 이루어내곤 했다. 그러나 시간이 흐를수록, 지위가 올라갈수록 열정보다는 다른 것들이 더 중요해졌다. 내가 잘하는 일, 좋아하는 일, 도전해보고 싶은 일만을 할 수는 없었다. 나의 목표가 아닌 그들의 목표를 위해 나도 그들처럼 살아야 했다. 쉽지 않았다.

마음 깊은 곳에 질문이 싹트기 시작했다.
과연 이 길이 내가 계속 가야 할 길인가? 잘하고 있다고 자신하는가?
열정 없이 반복해야 할 시간이 두려워졌다.
예전과 같은 기대와 설렘으로
새 해를 맞이할 수 없을 거란 사실을 알게 되었으니.

지금 회사를 계속 다니는 것, 이것은 가장 손쉬운 선택.
그래서 오랫동안 되풀이 해왔던 그 선택을 이번만큼은 하지 않기로 했다.
다르게 살기로 결심했다.
그 시작은 내가 하고 싶은 일이 무엇인지,
할 수 있는 것이 무엇인지 찾아내는 것이다.

새 해가 왔고 두 달여에 걸쳐 이십 년 직장 생활을 마무리했다. 참 긴 시간이었다. 이별의
순간, 진한 아쉬움보다는 내 앞으로 펼쳐질 시간들이 궁금했다. 홀가분하게 회사를 떨쳐
내고 집으로 돌아온 나는 여행을 준비했다.

그리고 떠났다. 출장이 아닌 여행을.
마음 가는 대로, 하고 싶은 것만 하면서, 눈과 가슴과 시간을 채우는 여행.
그렇게 88일 동안의 여행은 시작되었다.

2. 여행의 원칙

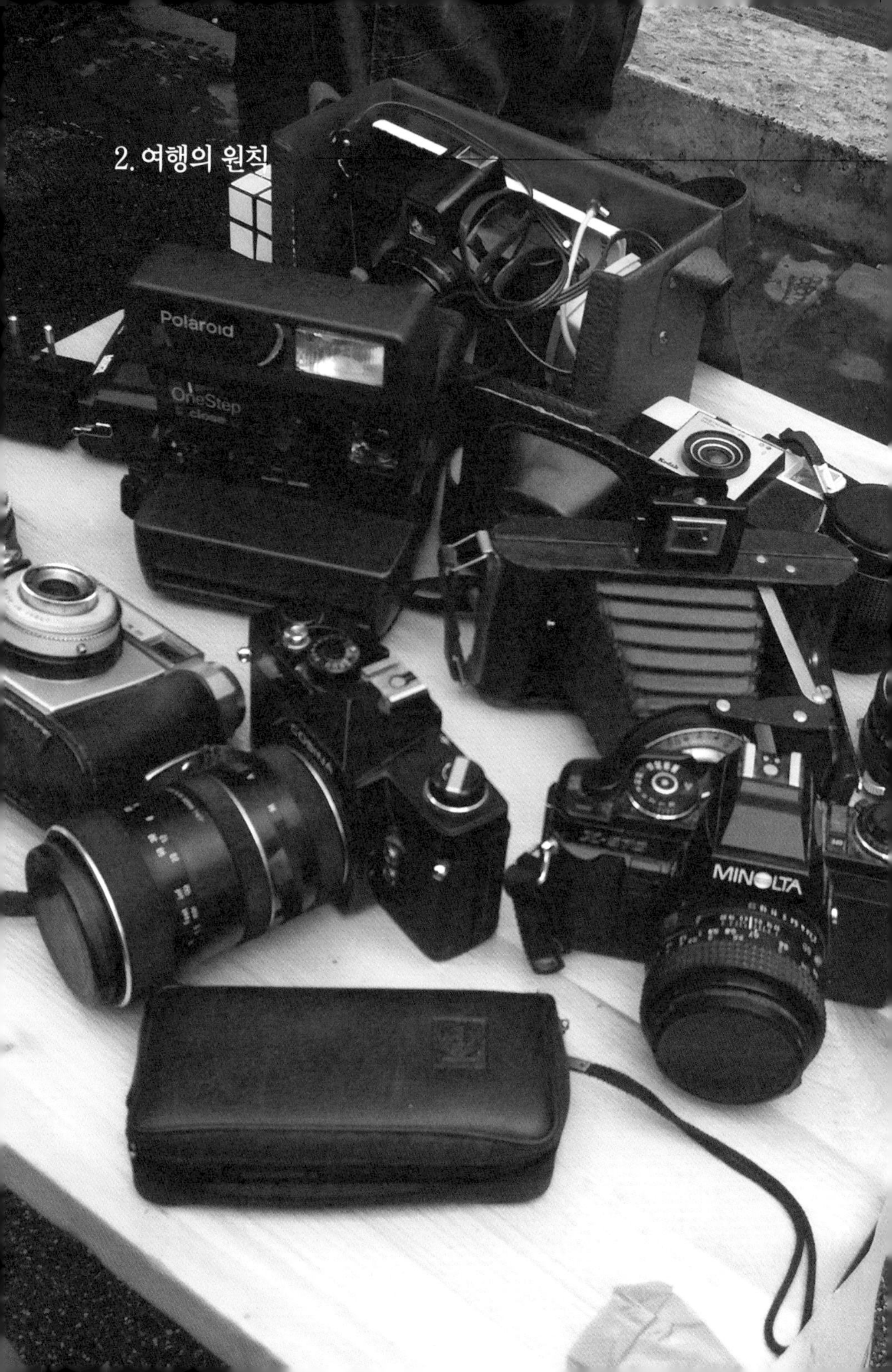

여행을 준비하며 나름 원칙을 정했다.
주어진 석 달의 시간동안 나의 영혼과 감각을 깨워 자유롭게,
그때그때 하고 싶은 것들을 하면서 지내기로.

여행을 위해 몇 가지 준비를 했다.
이탈리아어 학원을 등록했고, 여행기를 읽으며 장기체류 형 여행자가 가져야 할 마음가
짐에 대해 알아봤고, 젊은 시절 이탈리아로 무작정 떠나 바닥에서부터 요리를 배워 지금
은 자신의 레스토랑을 오픈한 선배를 찾아가 그곳에서의 삶에 대한 의견을 구했다. 그리
고 도착해서 처음 몇 주 동안 하고 싶은 일 몇 가지만 정했다.

아무 것도 정해진 게 없고, 특별히 가야 할 곳이나 반드시 해야 할 것도 없는 나 혼자만의
시간들. 그 시간 앞에서 나는 설레었고, 기분 좋을 정도의 긴장을 느꼈다.
그 곳에서의 시간들을 생각하며 나는 즐거웠다.

3. 행복한 이탈리아 어학원

교실이다.
조용한 빈 교실이 좋다.
문을 열고 들어가면 몰려드는 교실 냄새.
나무와 먼지가 섞여 만들어내는 추억 속의 그 냄새.
봄 햇살이 쏟아져 들어오는 창가에는 붕붕 먼지의 입자들이 춤을 춘다.
내 자리는 교실문 옆 둘째 줄.
드르륵 의자를 끌어내 자리에 털썩 앉으면,
잠시나마 교실은 온전히 나만의 공간이 된다.

로마에서 일 년을 보낸 뒤 도움이 필요한 곳이라면 세상 어디라도
찾아가실 마리아 수녀님,
공대를 졸업하고 뒤늦게 요리에 눈을 뜬 예비 셰프 루이지,
밀라노에서 오페라 반주를 위한 피아노를 공부하고 싶은 신혼의 아줌마 로자,
이탈리아의 대리석을 수입하러 밀라노에 파견 가는 대기업 주재원 쥬세페,
그리고 더 많이 보고 보다 잘 놀고 싶은 스텔라.

이유는 각양각색이지만 꿈을 이루기 위해 모인 늦깎이 학생들.
매일 하루 네 시간, 이 작은 교실에서 우린 함께 공부한다.
이제부터 시작해볼까? 불규칙동사 외우기부터.

— 행복한 유진 이탈리아에서

4. 네가 떠나는 날 아침

언제나 그랬지만 오늘 아침도 실감이 나지는 않네
프랑크푸르트로 떠났던 그 때도
수민이 데리고 시애틀로 떠났던 그 때도
그리고 닷새든 열흘이든 무시로 떠났던 출장 때도
언제나 떠나는 첫날은 실감이 잘 나지 않다가
둘째 날 밤부터 너의 부재를 느끼기 시작했었지

90일이라는 시한이 정해져 있기는 하지만
그리고 이미 프랑크푸르트 때 그만큼의 시간을 떨어져 지내기도 했지만
이번 여행은 그때와는 전혀 다를듯해
뭐니뭐니해도 이번 여행은 전적으로 네 스스로 기획, 준비한 거야
돈과 시간, 독서, 어학공부, 그 밖에도...
아마 네 인생에서 이처럼 많은 준비를 한 여행은 처음이지 않을까
그래서 떨어져 있는 시간은 비슷할지 몰라도
떠나 보낸 내 입장에서는 예전과는 다른 마음가짐을 가지려고 해

"시원이가 자기 삶을 위해 전적으로 준비한 시간이니만큼
   오직 건강과 행운만을 빌어주기로 하자."

— 그의 편지

5. 고흐를 만나러 가는 아침

출근 시간이다. 새벽의 서늘한 기운이 남은 거리를 자전거를 타고 버스를 타고 자동차를 타고 사람들이 출근한다. 화장을 제대로 하고, 짧은 미니스커트도 입고, 양복도 입고, 담요로 무릎도 덮고, 멋지게 숄도 두르고, 앞뒤로 아이도 태우고… 자전거로 출근을 한다.

매일 새로이 시작되는 아침을 맞는 것은 행운이라고 했던가. 오늘 아침은 그 말에 아무런 토를 달고 싶지 않다.

고흐 미술관 앞 사거리, 카페 'Small Talk'에 앉았다.
거리는 점점 태양의 기운으로 가득 차고 있다.
난 그 거리가 한눈에 보이는 창가의 작은 자리에 있다.
커피를 내리는 소리, 그리고 오렌지 주스와 크로와상과 커피가 만나서 만든 냄새.
그 소리와 냄새는 실내를 채우고 창밖 전차소리의 분주함과 어우러진다.

문득 나의 지난 아침 출근 시간이 떠올랐다.
말간 얼굴로 아침 인사를 하며 집을 나설 때의 경쾌함 (7시 10분)
동 트는 하늘을 뒤로 하고 올림픽대로를 가로질러 달릴 때의 상쾌함 (7시 20분)
이른 아침 사무실 문을 열었을 때 아무도 없는 텅 빈 정적의 기분 좋음 (7시 30분)
규칙적이고 단조로우나 그래서 매 순간 성실할 수 있었다.

나는 이번 여행에서 어떤 아침들을 맞게 될 것인가.
무엇으로 나의 시간들을 채울 것인가.

지구별에 사는 동안, 눈을 감는 그날까지 매일 아침 두근두근 새로운 날이 시작되는 행운이 지속될 것이다. 그리고 오늘은 고흐를 만날 것이다. 아몬드 블로섬 꽃들을 만날 것이다. 멋진 하루가 시작된다.

— 암스테르담 첫 기착지

이탈리아

6. In Bocca al Lupo

어찌하다 보니 이탈리아 첫 날은 로마 떼르미니역 근처 한인민박에서 묵었다.
만 하루 지났을 뿐인데, 지나간 시간이 길게 느껴진다.
숱한 출장에도 가방이 문제가 됐던 적이 없었는데, 지금 내 가방은 암스테르담 공항에
있다. 이탈리아 사람들의 느림과 여유로 인해 속 터지는 이방인 경험도 제대로 했다. 기차
도 놓치고 가방의 안부도 모른 채 예정에 없던 낯선 곳에 머물러 있자니 문득 생각났다.

In Bocca al Lupo! (인 보까 알 루뽀)
직역하자면, 늑대의 입 속으로!
먼 길 또는 여행을 떠나거나,
어려운 일에 도전하는 친구에게 건네는 강력한 행운의 주문이란다.

Crepi il lupo! (크레삐 일 루뽀)
늑대를 찢어 버릴게!
길 떠나는 친구가 해야 하는 대답이란다.

그간 자못 비장한 느낌의 이 대화를 배우며 그들만의 느낌이 궁금했는데, 이제 좀 알 것
같다. 늑대가 건국신화의 주인공으로 등장하는 로마제국의 후예들이다. 정신차려야겠다.
이제 겨우 출발이고 시작이지 않은가.

7. 지금은 거기로 가자

피렌체에 도착했다.

이제 숙소 근처로 가는 버스를 탄다.

도착하자마자 비상용 물품을 사려다 신용카드가 막혀버렸다.

암스테르담에 있다는 여행 가방은 언제 받을 지 기약 없다.

날은 무진장 덥고 중앙역 앞 버스 정류장은 먼지와 사람들로 정신 없다.

주인장으로부터 전화가 왔다. 기다리고 있단다.

그래, 날 기다리는 사람이 있으니, 지금은 거기로 가자.

　– 피렌체 숙소를 향해가며

8. 시간 여행의 문을 열다

피렌체에서 첫 나들이다. 세 량짜리 완행열차를 타고 토스카나의 작은 역들을 지나간다. 피렌체 시내를 벗어나자 이내 저만치 산 허리에 걸친 구름이 보인다. 꽤나 높이 올라온 건가. 귀도 종종 먹먹해진다. 토스카나 내륙은 생각보다 고지대인 것 같다. 객차의 벽을 장식한 토스카나 지역의 열차 노선도가 흥미롭다. 지선이 꽤나 많고 복잡하다. 철도로 연결되어 있는 저 많은 도시와 마을들. 지나는 동안 몇 군데나 구경할 수 있을까? 피렌체 중앙역을 떠난 지 한 시간여 만에 도착했다. 아레쪼다.

아레쪼의 벼룩시장은 1968년부터 거래를 시작한 이탈리아에서 가장 큰 규모의 앤티크 시장이다. 내게는 베를린, 쾨니히스타인에 이은 세 번째 유럽 벼룩시장 구경이다. 주인장들의 기대와 구경꾼들의 호기심이 맞물린 장터는 활기로 가득하다. 그림, 가구, 그릇, 보석, 우표, 옛날 주화와 지폐, 시계, 책, 레이스 직물, 문짝, 침대틀…… 골목 곳곳의 그림 가게와 앤티크 가게들이 벼룩시장과 어우러지니 마치 시간여행의 문이 열린 것만 같다.

아레쪼에서 가장 궁금했던 장소는 Piazza di Grande. 로베르토 베니니의 영화 '인생은 아름다워(La vita e bella)'의 촬영지다. 좋아하는 영화의 배경을 실제로 본다고 생각하니 마음이 들뜬다. 광장에 도착했을 때 마침 비가 세차게 내렸다. 광장은 벼룩시장의 하얀 천막들과 판매상들이 몰고 온 트럭으로 가득 차 있었다. 광장 건너편의 카페 'La Dolce Vita'에서 비를 피했다. 에스프레소 한 잔으로 온기를 붙잡으며, 비를 피하려는 사람들로 붐비는 카페 한 구석에 자리를 잡았다.

눈앞에 펼쳐진 광장 풍경이 마치 한 편의 연극무대 같다. 로마네스크 양식의 성당, 비 속에서 더 청아한 소리를 들려주는 종탑, Vasari가 설계했다는 아름다운 회랑. 광장을 가득 메운 천막들과 오가는 사람들. 비는 계속 들이쳤지만 이 모든 것이 한 눈에 보이는 명당이었기에 오래도록 앉았다.

빗줄기가 점점 더 굵어진다. 내 앞에선 가구를 팔러 온 두 청년이 비를 피하고 있다. 점점 굵어지는 빗줄기 속에서 하염없이 비를 맞는 의자와 탁자들. 가구들도 주인장도 모두 애처로웠다. 비싸 보이는 예술품의 주인들은 일찌감치 천막을 접고 있다. 생활을 해내는 건 어디나 팍팍하고 종종 불운도 따르게 마련. 기운 내! 맘 속으로 기도한다.

비는 종일 내릴 기세다. 마냥 이럴 순 없다 싶어 단벌 후드 점퍼를 걸치고 동네 탐방에 나선다. 광장 오르막길 뒤로 '메디치 요새(Fortezza Medicea)'가 있었다. 그 곳에서 탁 트인 전망을 만났다. 맞아, 아레쬬는 고대 에트루리아의 도시였지! 에트루리아의 도시들은 가파른 언덕 위에 있다. 방어에 유리해 고대 로마와 중세 시대에도 요충지였다. 페스트가 유행하던 시절에도 고지대의 옛 도시들은 비교적 안전했다고 한다. 발 아래 펼쳐진 포도밭과 붉은 지붕의 마을, 그리고 토스카나의 구릉들이 반가웠다.

'흠 멋진 풍광이야! 바로 이 모습. 매력 있어.'

나는 피렌체에 관한 책과 그림 하나를 샀다.
책은 장터에서 그림은 성당에서.
도시의 상징, 고딕 양식의 아레쬬 두오모(Duomo). 그 안 작은 기념품 가게는 은발에 허리도 꼬부랑이신 할머님 두 분이 지키고 있었는데, 낯설게도 작자 미상의 일본 그림이 여러 성물 기념품과 함께 벽에 걸려 있었다. 강보에 쌓인 아가를 바라보고 있는 기모노를 입은 엄마의 그림. 기모노 입은 성모 마리아인가. 뽀얀 먼지가 쌓인 액자가 애처로웠던 것일까, 액자 포함해 10유로의 가격 때문이었을까. 유랑 생활과 어울리지 않는 액자를 사버렸다.

아레쬬 벼룩시장은 한 달에 한 번 열린다. 칠월에 다시 와보고 싶다.
그 때쯤이면 뭘 좀 더 알게 되어 더 많은 게 눈에 띄지 않을까?
무엇보다 비가 내리지 않기를 바래야지.

– 아레쬬 벼룩시장

9. 피렌체 첫 주, 첫날에 내가 한 일

1. 우피치 미술관, 피티 궁전, 아카데미아, 보볼리 궁전, 메디치 가문이 남긴 성당과 별장…. 이 모든 곳을 자유롭게 드나들 수 있는 자유이용권을 샀다. 60유로면 1년동안 쓸 수 있으니 장기체류자에겐 커다란 축복이다.

2. 피렌체 국립도서관의 회원으로 등록했다. 1966년 대홍수로 도서관의 소장품들이 물에 잠기자 전 세계의 예술애호가들이 달려와 물에 젖은 책과 예술품들을 말렸다는 전설 같은 이야기를 가진 곳이다.

3. '아카데미아' 예술 학원에서 예술사 수강 신청을 하였다.
이탈리아어, 드로잉, 건축의 비밀코드, 요리도 배우고 싶다. 해보고 싶은 것이 많다.

4. 피렌체 지도를 구해, 가 보고 싶은 곳들에 동그라미를 쳤다.

5. 그리고 시내 골목을 쏘다니다가, 와인과 햄과 멜론을 사서 집에 왔다. 그날 밤 시차도 잊은 채 깊이 잠들었다.

AMICI DEGLI
UFFIZI

AMICI DEGLI
UFFIZI

www.amicidegliuffizi.it

C E R T I F I C A T O

∩Ɔ∩

ACCADEMIA D'ARTE

CERTIFICATO D'ISCRIZIONE AI CORSI

Visti gli atti di ufficio, si certifica che lo studente

SIWON CHONG

è regolarmente iscritto ai seguenti Corsi organizzati da questa scuola nel periodo indicato:

Corso
STORIA DELL'ARTE

Nome: Siwon Chong
Corso: Storia dell'Arte
Data: 07
ADA
Accademia D'Arte
FIRENZE
Via de' Pandolfini 46 r Firenze, 055 2466442

Periodo   Dal 07 Maggio al 26 Luglio 2

Socio N°

Firenze, 05 Maggio 2013   Dr. Patrizio Travagli
                                            Direttore

C E R T I F I C A T E

ccademia D'Arte A.D.'A. - Via Pandolfini 46r . 50122 . Firenze . Italia

Biblioteca Nazionale Centrale
Firenze

Tess. CF0198828
07 maggio 2013
Sala Lettura
CHONG SI WON

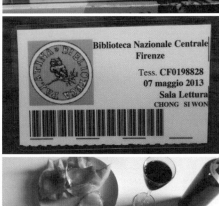

10. 피렌체 순례 여행

19세기 유럽의 중상류층 사이에서 피렌체는 죽기 전에 꼭 가봐야 할 첫 번째 도시였다고 한다. 영국 귀족들이 처음 시작한 이 문화 여행은 곧 유럽뿐만 아니라 미국에도 알려졌고, 당시의 귀족이나 신흥 부르주아 사이에 유행으로 자리잡았다. 대문호나 예술가들도 피렌체를 찾아와 글과 그림, 음악을 남겼다. 프랑스의 작가 스탕달은 이곳 산타크로체 성당을 찾았다가 그 아름다움에 현기증을 일으켜 한 달이나 병원에 입원했다. 이 사건에서 연유된 '스탕달 신드롬'으로 인해 피렌체는 더욱 유명해졌다.

나는 미국에서의 교환학생 시절 <전망 좋은 방>이란 영화를 통해 처음 피렌체를 만났다. 오레곤주 호숫가 통나무집에서 주말을 보내기 위해 가져간 VHS 비디오로 접했다. 아직도 영화의 몇몇 장면은 선명하게 남아 있다. 19세기 문화 순례를 위해 피렌체를 방문한 영국 귀족들의 사랑과 특별해 보이는 일상이 기억에 남았다. 피렌체에서의 첫 아침에 햇살 가득한 우피치의 늘어선 기둥 사이로 살인 장면을 목격하고 실신하는 여주인공, 꽃이 가득한 끼안띠 언덕에서의 낭만적인 키스, 내가 좋아하던 다니엘 데이 루이스가 답답한 스타일의 영국 시골 귀족으로 나와서 속상해 했던 기억들...

피렌체 문화 순례 유행은 20세기까지 이어졌다고 한다. 2차 대전 전에도 영국의 많은 부인들이 이곳으로 건너와 매일 모여 차를 마시고 그들만의 문화생활을 누리다가, 전쟁이 터져 이탈리아와 영국이 적국이 되자 산 지미냐노의 한 성에 단체로 갇혀 지낸 적도 있었다 한다. 수용소치곤 너무나 아름답고 낭만적인 곳이 아닌가.

전쟁이 끝나고 세상은 비행기와 글로벌화 덕분에 더욱 가까워졌고, 피렌체는 이제 전 세계인들로부터 사랑을 받게 되었다. 비록 파리, 런던, 로마에게 1등의 자리를 넘겨주긴 했으나, 여전히 골목마다, 건물마다, 거리마다, 매일매일, 순간순간 이방인들로 넘쳐 흐른다.

일본에서 온 시오노 나나미도 이 곳에 매료되어 주민이 되었고, 나 또한 지금 여기에 있다. 황갈색과 오렌지 빛깔의 골목 사이를 마치 물 흐르듯 굽이치며 넘실거리는 사람들을 보고 있자니 누가 방문객이고 누가 토박이인지 분간하기 힘들다.

신의 이름으로만 모든 것이 가능했던 중세에, 인간이 주체가 되어 삶과 예술과 문화를
"Design & Create"하고자 먼저 깨어났던 곳, 피렌체. 이제 나도 그 순례의 길에 올랐다.

11. 피렌체 산책

르네상스 문화가 꽃피기 시작한 도시, 피렌체.
그 명성에 걸맞게 이 도시 출신의 유명인사가 제법 많다. 그 중에서도 이 도시가 자랑스러워하는, 소중히 여기는, 여기서 죽음을 맞은 많은 사람들이 이 곳, 싼 크로체 성당에 묻혀있다. 갈릴레오, 단테, 미켈란젤로와 마키아벨리의 무덤이 있는 성당…

단조롭지만, 마키아벨리의 무덤이 단테와 나란이 있어 조금은 놀라웠다. 교황청, 도시국가와 왕권 국가가 혼재되어 있던 유럽에서 공직 생활을 오래한 그가 쓴 군주론은, 말년에 공직을 다시 바라고 당시 유력자인 메디치 가문에 자기소개서 같은 개념으로 씌어졌다 한다. 물론 그의 경험과 사유, 철학을 집대성하여 씌어진 그 책은 그 후로 아직까지 전 세계에 많은 팬들을 확보하였으니 군주론이 실제 단테의 신곡보다 실제 훨씬 더 많이 읽혀지긴 하였을 것이다. 어쩌면 이태리가 낳은 최고의 베스트셀러가 아닌가 싶다. 나나미 힐머니도 나의 친구라 불렀던 분이었지.

여기 무덤마다 사연과 역사가 담겨있겠지만,,,
내겐 미켈란젤로 무덤이 가장 강력했다. 그의 무덤은 바사리가 디자인했다 한다. 상단 중앙에 미켈란젤로의 얼굴 동상이 있고, 그 하단에 각 그림, 조각, 건축을 상징하는 세 여인들이 앉아 있다. 그리고 그의 얼굴 위에는 피에타 그림이 있다. 모든 예술에 위대함을 남긴 그를 잘 표현해주고 있었다. 미켈란젤로의 작품들은 앞으로 자주 만날 터인데, 이리 모두가 존경하는 유명인사임을 알고 보니, 주눅 들어 마냥 대단하게 보게 되진 않을지… 그런데, 그의 이름은 발음만으로도 이미 멋있다. 길지만 부드럽게 입안으로 물 흐르는 듯.. '미켈란젤로'. 레오나르도는 또 어떠한가.

성당과 연결된 Pazzi Chapel 에서 흥미로운 것을 발견했다. 두오모의 지붕은 설계한 것으로 유명한 Brunelleschi의 마지막 작품이기도 한데 그 돔 지붕을 장식하고 있는 테라코타, Evangelisti - 선도사들이란 작품이다. 네 개의 동그란 작품이 지붕을 장식하고 있는데 주인공은 새 옆에서도, 소 옆에서도, 사자 옆에서도, 그리고 천사 옆에서도 그는 끄덕않고 책을 읽고 있다. 아니 새와 사자는 같이 독서를 하고 있다. 선도사여, 그대를 독서의 대가로 인정합니다. "책을 읽는다면-이들처럼"

집으로 돌아오는 베키오 다리에서 결혼 사진을 찍는 신랑신부를 만났다.
마냥 행복한 미소와 키스를, 웃음을 주변에 흩뿌리는 그들을 보고 있자니, 구경꾼인 나도 절로 즐겁다. 그들의 행복이 강바람을 타고 점차 번지고 있다.

12. 대화가 필요해

혼자서 여행하는 중 대화가 필요할 때면 그 도시의 이방인들과 친구가 된다.
언제 왔어? 어디서 왔어? 왜 왔어?
물어봐 주고, 잘 지내라고 격려해 준다.

그래도 또 대화가 필요할 땐 그 동네의 터줏대감,
길냥이와 안부를 주고 받는다.
전망 좋은 곳, 햇살이 따뜻한 곳… 정보를 주고 받고 잘 지내라고 말해준다.

13. 꽃미남 원조

우피치에서 만난 로마 시대의 어느 조각상.

이 얼마나 참신하고도 생활자적인 접근인가.

차고 넘치는 그리스, 로마의 신들과 신화, 영웅 속에서,

이 고수께선 '내 발바닥의 가시(아니 무좀?)'에

온전히 집중하고 있는 소년에 마음을 빼앗겼나 보다.

단아한 몸매에 시크하기까지 한 꽃미남 원조 소년.

시공을 넘어 2천 년이 흐른 지금에도 저렇듯

생생하게, 무심하게, 당당하게, 아름답게 들여다보고 계시는구나.

- 우피치

14. 당신이 날 불렀죠?

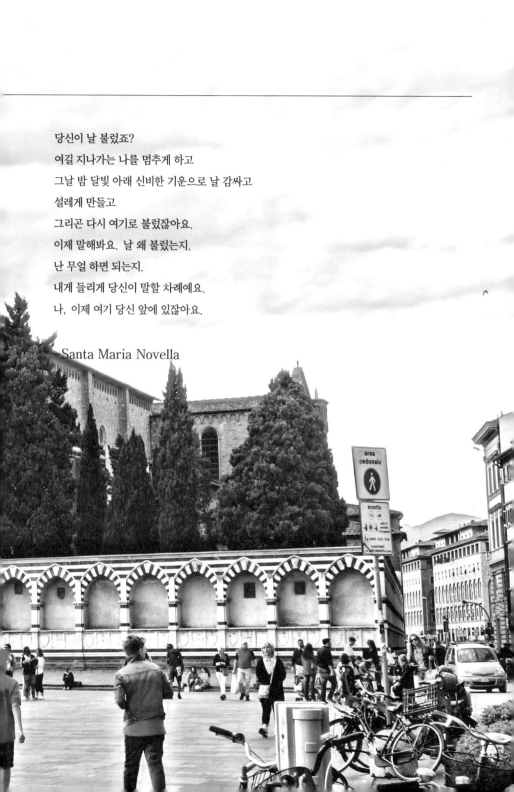

당신이 날 불렀죠?

여길 지나가는 나를 멈추게 하고

그날 밤 달빛 아래 신비한 기운으로 날 감싸고

설레게 만들고

그리곤 다시 여기로 불렀잖아요.

이제 말해봐요. 날 왜 불렀는지.

난 무얼 하면 되는지.

내게 들리게 당신이 말할 차례예요.

나, 이제 여기 당신 앞에 있잖아요.

Santa Maria Novella

15. 피렌체, 그 불가사의한 유혹

누군가 내게 물었다. 왜 피렌체인가요?
난 명쾌하게 '피렌체'였다.
말로는 제대로 표현하기 힘들지만, 너무나 분명한 끌림.
고개를 갸웃거리다, 나는 대답했다.
어른이 된 후 내가 일이 아닌 이유로 찾은 첫 번째 도시에요.
그 곳에선 즐거운 기억만이 가득해요.
다른 누구도 아닌 그와 함께 한 둘만의 기억이. 그래서 좋아요.
그 곳이라면 좋은 느낌을 계속 이어갈 수 있을 것 같아요.
알 수 없지만 뭔가 좋은 일이 시작될 것만 같아요.
그렇게 피렌체가 나를 불러요.
산타 마리아 노벨라가 내게 말을 걸었어요.
그러니 나는 가야 해요. 알아내야 해요. 왜 날 불렀는지?

16. 나의 작은 단골 가게

로마나(Romana) 거리에 있는 그 작은 가게의 위치를 정확히 기억해내기는 어렵다. 간판도 따로 없고, 일찍 열고 일찍 닫아버리고. 그러니 작은 상점들이 길게 이어진 거리에서 그 가게를 찾아가기란 쉽지 않은 일이다.

그 가게는 채소와 과일을 판다. 그리고 반찬도 판다. 그날 들어온 채소와 과일이 정성껏 진열되어 있다. 메론, 아스파라거스, 딸기, 토마토, 배추, 왕가지, 호박. 색색이 싱싱하고 예쁘다. 맛있어 보인다. 계산대 아래 유리 진열대 속엔 각종 올리브, 치즈, 피클, 정어리 조림이 들어 있다.

며칠을 망설이다가 결국 문턱을 넘었다. 은발의 아저씨 두 분이 각자의 계산대에 서서 손님의 계산을 돕고 있었다. 나는 아스파라거스와 멜론, 올리브 반찬을 사고 싶다. 잠시 머뭇거리다 내 손으로 멜론을 비닐에 담으려 하자, 어느새 한 아저씨가 내 앞으로 와서 말한다. 무엇을 원하니? 엇! 엉겁결에 눈 앞에 있는 딸기와 멜론을 손으로 가리켰고 아저씨는 직접 노란 종이봉지에 그것들을 담아서 계산대 뒤로 걸어간다. 어느새 저녁 찬거리 사러 나온 동네 아줌마, 퇴근길의 아저씨, 심부름 온 꼬마 남자애가 줄을 서서 기다린다. 이탈리아 말이 서툰 나는 처음 생각과는 달리 딸기, 멜론, 아스파라거스를 샀다. 그래도 싸고 싱싱한데다 주인이 나를 따라 다니며 일일이 챙겨서 담아주니 정성도 같이 담기는 듯하여 기뻤다.

두 분의 가게 주인장들은 오늘은 무슨 물건이 좋은지 얘기해주고 모든 손님들에게 무엇을 살 건지, 얼마나 살 건지를 묻고 작은 가게 안을 종횡무진하며 하나하나 챙겨 담아준다. 그렇게 손님들과 동네 돌아가는 얘기도 하고, 장사도 하다가 오후 다섯 시면 문을 닫고 퇴근이다.

그 후로 그 가게가 문을 열고 있는 것을 보면, 들어가서 이거 저거 샀다. 그 곳에서 샀던 과일과 채소는 언제나 싱싱하고 맛있었다. 나는 단골이 되었다.

피렌체에는 작은 가게들이 많다. 채소가게, 과일가게, 정육점, 치즈가게, 파스타가게, 와인가게, 아이스크림가게, 그림가게, 액자가게, 보석가게, 옷 가게, 신발가게, 모자가게, 가죽가게…… 사고 싶은 것들은 너무 많은데, 모든 것을 다 파는 가게는 없다. 관광객이 넘쳐나지만, 그 흔한 백화점도 안 보인다. 작은 가게 한 켠에 공방이나 재봉틀을 두고 직접 물건을 만들어 팔기도 한다. 솜씨들은 우아하고 세련되고 개성이 있다. 소박하고 작은 가게들이지만, 세상에서 유일한 물건을 만날 수 있는 곳이다.

피렌체 사람들은 다 같이 잘 사는 방법을 터득한 것 같다. 그 현명한 사람들의 아름다운 작은 가게에 들렀으니 단골이 될 수밖에.

17. 초록 산책 – 보볼리 정원

피렌체에서 한달 동안 내가 묵었던 집은 로마 시대에 세워진 성문(Porta Romana) 근처 언덕 동네에 있다. 피렌체 시내에서 이곳에 가려면 먼저 아르노 강을 건너고 피티 궁전을 지나, 보볼리 정원이 옆길인 로마냐 길을 지나, 성문을 지나야 한다. 매일 아침저녁, 시내로 나갈 때면 때론 20분, 때론 30분 걸리는 그 거리를 걸어 다니곤 했다.

골목으로 걸어도 되고 보볼리 정원을 가로질러 피티 궁전으로 들락거려도 되니, 정원의 문이 열려있을 때면 언제라도 들어가 여기 저기 산책을 하였다. 정원은 꽤나 넓고 숲도 깊어 숲길 곳곳에서 아름다운 조각들, 분수들, 궁전과 정자, 기품 있는 박물관들을 만날 수 있다. 초록이 그리우면 언제라도 들어가 큰 숨을 쉬고, 마음 내킬 때마다 보물 찾기 하듯 여기저기 쏘다니며 새로움을 발견하니 정원을 향한 발걸음은, 초록 산책은 언제나 가볍고 즐거웠다.

– 섬 분수

그리스 신전처럼 나무들이 줄 지어 서 있어 절로 사색하게 만드는 작은 풀밭을 지나면, 작은 호수 중앙에 섬처럼 떠있는 커다란 "섬 분수". 그곳에 서면 수직으로 하늘 높이 곧게 자란 사이프러스 언덕 길이 하늘과 초록 정원을 향한 나의 시야를 가른다. 작은 호수를 만들고 그 안 섬처럼 떠있는 분숫가에 심어진 오렌지가 탐스럽다. 그늘 가 의자에 앉아 새와 풀벌레 소리를 듣고 있으면, 내 안의 모든 생각은 사라지고 나는 그저 정물처럼 그곳에 존재한다.

– 천상정원

보볼리 정원에서 가장 높은 언덕 위에는 낮은 2층집에 도자기 박물관이 있다.
작은 도자기 박물관에는 메디치 여인들이 대대손손 모아온 아름다운 그릇들, 진기하고 이
채로운 도자기들이 가득하였지만, 박물관 마당 앞 정원만큼 내 마음을 사로잡진 못했다.

아담한 마당 한 켠에는 노랑, 분홍 꽃들로 빼곡하게 뒤덮인 꽃 담이 서있고
그 담에는 이름 모를 새가 지저귀고, 나비들이 나풀나풀 거리고 있었다.
앞 마당 정원에는 장미, 모란, 이름 모를 키 작은 예쁜 꽃들이 활짝 피어있다.
그 꽃 정원 가로질러 아래로는 초록 절벽이 있으니 하늘 향한 테라스다.
테라스 너머, 푸르청청 건너편 초록 언덕에는
중세의 성과 성당과 집들이 숲 사이로 점점이 박혀있다.

푸른 햇볕 아래 꽃 그늘 짙어가는 봄날,
만발한 꽃과 향내로 가득한 그 천상의 정원에 서 있으니
나의 마음은 샤랄라, 하늘하늘 떠오른다.

– 커피하우스

보볼리 정원 안 커피하우스로 가려면 인적이 드문 숲 길을 걸어야 한다.
좁지만 잘 다듬어진 오솔길을 지나면,
언덕 중턱에 색이 바랜 초록빛 둥근 지붕을 가진 아담한 커피하우스가 나온다. 지도를 보고는 카페인 줄 알고 찾아 갔으나, 내부로는 들어갈 수 없는 유적지였다. 아마도 예전 메디치가 여인들이 차를 마시거나, 오후를 보내던 건물인가보다. 왜 이렇게 외따로이 떨어진 곳에 와서 차를 마셨을까 투덜거리며 건물을 돌아 내려오던 차, 눈 앞에 나타난 탁 트인 그 언덕에서 나는 숨을 멈추었다.

메디치가의 여인들도 여기서 보았겠구나.
두오모의 코폴라와 베끼오 궁전 종탑, 피렌체 시내가 손에 잡힐 듯 가까이 완벽한 자태를 드러내며 거기 있었다. 실로 피렌체 최고의 전망이다.

주저 앉아, 바라보았다. 때때로 종소리도 들린다.
내 옆에는 유유자적 들고양이가 다가와 앉는다.
피렌체의 주인 마냥, 하염없이 풍경을 바라보고 있다.
고양이에게 이런 저런 말을 걸어 본다. 또 어디가 전망이 좋은지 물어본다.
녀석 늘어지게 하품을 하더니, 한 번 쓰윽 쳐다보고는 옆으로 드러눕는다.
"여기, 지금이 최고야" 라고 말하는 듯 하다.

18. 그래서 행복하니?

그녀는, 나의 눈을 바라보며 묻는다.

넌 왜 여행을 하고 있니? 앞으로는 무얼 할 거야?
혼자 여행하는 건 대단해. 그래서 행복하니?
어디로 갈 거니? 엘바섬에 가면 정말 좋아.
조용하고 깨끗하고 아름다워.
나도 어디로 갈 지 모르겠어.
그냥 여기 계속 있으면 안될까? 난 여기가 좋은데. .
다른 곳도 다녀봐. 아름다운 곳이 많은 걸.

19. 마음을 열고, 비밀 없이 모든 것을

난 레오를 정말 사랑해. 우리 둘 다 사랑해. 아주 깊이.
그런데, 우린 맞지 않아. 우리 둘 다 그걸 알고 있어.

(침묵)

언젠가 우리 다시 만나면 그땐, 둘이서 얘기하는 거야.
마음을 열고, 비밀 없이 모든 것을. 너라면 왠지 그럴 수 있을 거 같아.

그녀의 깊고 검은 눈동자를 바라보았다.

그래, 우리 왠지 그럴 수 있을 거 같아.
다음에 만나면.. 꼭 그렇게 하자.

– 자스미나와의 대화

20. 성당에서 삐딱해지기

피에솔로 언덕 위에는 성 프란체스코 수도원이 있다. 검박하고, 고요하다. 작은 안뜰이 있고, 좁은 계단 끝의 이층에는 그 옛날 수도사들이 머물렀던 작은 방들이 있다. 낡은 책상과 작은 창, 그리고 성화가 남아 있는 방들. 그들의 기도소리가 들리는 듯하다.

세상을 떠나 수도사들이나 스님들처럼 자신이 믿고 좋아하는 존재와 간절히 대화하리라 뜻을 세우고, 속된 세상을 잊고, 일평생 신만을 짝사랑하며 사는 삶이 오늘은 왠지 가벼이 느껴진다. 외려 찌들고 치이며 살면서도, 당신에게 굴복하지 않고 혼자라도 두렵지 않은 척, 작고 소소한 순간을 소비하며, 즐겁다고 행복하다고 살아내야 하는 새털처럼 가벼운 우리네 삶이 더 어렵지 않은가 말이다. 예수님도, 부처님도 우리 같은 인간으로 살기 어려워, 하늘로 승천하여 다른 세상의 높은 존재가 되신 건 아닐까?

어젠 부처님 오신 날이기도 한데,
경건하다 못해 엄숙한 이곳에서 난 왜 이리 삐딱해진단 말인가?

– 성 프란체스코 수도원

21. 나는야 누드 전문화가

태어나 처음으로 배워 본 드로잉. 피렌체 Academia d'Arte 학원에서 그림 그리기를 배웠다. 예전부터 아름다운 풍경을 직접 그려보고 싶었다. 하지만, 연필 한 번 잡아본 적이 없다는 나에게 그들은 드로잉을 먼저 해보는 것이 좋겠다고 제안했다.

두 주간 일주일에 두 번, 한 번에 두 시간이니 내게 주어진 건 모두 여덟 시간이었다. 아무 것도 모르는 내가 태어나 처음으로 배운 드로잉 수업은 시간 가는 줄 모를 정도로 재미있었다.

처음 수업을 시작하는 날이었다. 등록하느라 5분 정도 늦은 나에겐 교실의 맨 앞자리만 남아 있었다. 그리고 내 눈 앞에는 모델이 서 있었다. 남자 누드 모델이었다. 너무 당황한 나는 시선을 어디에 두어야 할지, 무엇부터 시작해야 할 지 몰라 허둥댔다. 사위엔 조용히 쓱쓱 연필로 스케치하는 소리만이 가득했다. 내 눈 앞, 이젤 위의 빈 도화지가 너무나 하얗고 크게 느껴졌다. 자연스레 포즈를 취하고 서서 먼 곳을 응시하고 있던 모델의 눈이 잠시 내 눈과 마주쳤다. 순간 나는 고개를 숙이고 연필만 만지작거렸다. 괜스레 모델에게 미안한 마음이 들었다. 나같은 초심자가 하필이면 맨 앞자리이니 저 분 보면 꽤나 실망하겠구나.

손을 들어 선생님을 찾는다. "저는 태어나서 처음으로 이젤 앞에 앉았어요. 오늘이 처음입니다." 그러자 선생님께서 이탈리아어로 말씀 하신다. 대략 이런 내용이었던 것 같다.

"넌 바다 위에 있고, 그리고 하늘에는 별이 있다고 상상해봐. 그 별을 바라보며, 앞으로 나아가야 하는 거야. 그러니, 그 별을 네 머리로 판단하면 안 되는 거야. 별을 아주 잘 보고 나아가야 하는 거야. 네 머리 속에 있는 머리, 얼굴, 손, 비율이 아니라, 모델을 천천히 보고, 그 다음에 보이는 대로 천천히 그리는 거야. 그림을 그릴 때면 그 별을 생각해. 보이는 대로 그리는 거야." 내 머리 속 생각이 아닌 보이는 대로 그린다.

그렇게 나의 첫 미술 수업은 시작됐다. 선생님께선 네 번의 수업 시간마다 매번 똑같은 말씀을 해주셨다.

드로잉 수업 동안 세 명의 모델을 만났다. 다행히 나머지 수업은 모두 여자 모델들이었다. 백발의 나이 지긋하신 분도 있었다. 모델들은 모두 군살도 근육도 없이 슬림하고, 전체적인 비율이 좋다. 그리고 학생들이 자신을 어떻게 그리는 지 궁금해하신다. 매번 맨 앞자리에 앉은 나는 그림을 숨길 수가 없었다. 내가 그들을 좀 더 아름답게 그들답게 그릴 수 있으면 좋을 텐데. 누구의 눈도 아닌 '나'의 눈에 보이는 대로.

피렌체 베르게제 미술관에는 동상과 조각이 많다. 미술관 안마당에는 보볼리 정원 분수대에 있다가 이 곳으로 옮겨진 조각상들이 있다. 미술 수업이 끝나고 뭔가 연습할 게 필요했던 나는 그 조각들을 그려보기로 했다. 풍경이나 정물을 배울 기회가 없었던 나는 본의 아니게 '인물 전문' 화가지망생이 되었다. 작은 스케치북 한 권, 연필, 지우개 그리고 지나가는 사람들의 시선과 호기심을 모른 척 할 배짱만 있으면 피렌체 거리나 미술관의 흔한 조각과 동상들을 모두 내 모델로 삼을 수 있다. 완벽한 비율을 자랑하는 여신들과 멋진 포즈의 모델들이 내 눈 앞에 있으나, 눈에 보이는 그대로 그릴만큼 내 손은 자유롭지도 능숙하지도 않다. 그래도, 나의 눈으로 나의 손으로 내가 그림을 그린다는 것이 좋았다.

그림을 그리는 시간은 마법 같다. 가만히 앉아 두 시간, 세 시간이 흘러도 전혀 시간의 흐름을 느낄 수가 없다. 살아오면서 그토록 밀도 있게, 오래도록 집중했던 시간은 없었던 것 같다. 오로지 내 눈 앞에 보이는 것과 내가 채워가야 할 여백만 있을 뿐이다. 그림 그리기의 매력이 무엇인지 조금은 알 것 같다. 조금 더 알아보고 싶은 세상의 문을 살짝 열어본 듯한 기분.

 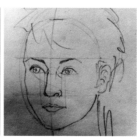 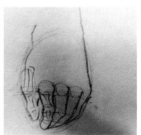 

22. 뭡니까? 이 분위기는

서바이벌을 위한 2주 단기 이탈리아어 수업을 신청했다.

오늘 수업 시간에 베네수엘라, 브라질, 러시아, 미국, 프랑스 출신의 학생들과 이탈리아 선생님이 둘러 앉아 유럽인들이 이탈리아어 배우는 건 쉽지만 '영어'를 배우는 게 얼마나 어려운지에 대해 진지하게 얘기한다.

이유인즉슨, 영어에는 당연히 해야 할 시제나 성수 구분이 없어 유럽인들로선 도무지 그 뭉뚱그려진 초간단 문법과 그에 기반한 명쾌하지 못하고 애매한 표현들을 이해하기가 어렵다는 것이다. 한참 그렇게들 배부른 소리들을 하면서, 투정들을 하시더니, 다들 날 쳐다본다. 뭡니까? 이 분위기는.

세 살 배기 수준으로 떠듬떠듬, 우린 한글이 있다, 세종대왕이란 대단한 분이 만든 과학적 언어가 있다고 횡설수설한다. 그리곤, 알파벳으로 된 외국어는 다 어렵다고 쿨~하게 인정했다.

– 이탈리아어 배우기

23. 길 위에서 만난 사람들 - 친구

피렌체에서 나는 두 주간 이탈리아어 회화 반에 다녔다.
그 수업에서 나는 친구를 얻었다.

베네수엘라의 카라카스에서 온 발렌티나는 젊고 아름답고 멋진 아가씨다. 건축학을 전공한 그녀는 지금 은행을 다닌다. 그녀는 그림 공부를 하고 싶어한다. 그녀는 한 달간 피렌체에서 그림과 이탈리아어를 배웠다. 생애 처음으로 유럽여행을 하고 있는 그녀는 유럽의 다른 어느 도시도 가보지 못했다. 그녀가 보여준 그녀의 스케치는 멋졌다. 스페인어를 하는 그녀는 이탈리아어를 쉽게 배웠다. 발렌티나는 우리 중에 피렌체를 가장 먼저 떠났다. 나는 그녀가 피렌체에 가장 먼저 돌아와 그림 공부를 계속하길 바란다.

안나는 시베리아에서 왔다. 신문기자로 주로 정치인들과 인터뷰 기사를 쓴다는 그녀는 인형 같은 금발의 어린 딸이 있다. 그녀는 한 달 반 동안 피렌체 근교에서 머물면서 매일 기차 타고 와서 이탈리아어 회화반을 종일 듣는다. 숙제도, 복습도 열심히 하는 그녀는 우리 반에서 가장 열심이다. 스스로를 러시아인이 아닌 시베리아인이라고 부른다. 그녀의 자부심이 맘에 들었다. 어릴 적 아무것도 없는 황량한 시베리아로의 강제 이주의 기억이 아직 남아있는 그녀는 시베리아를 아름다운 곳이라 말한다. 몇 미터 깊이로 꽝꽝 언 바이칼 호수 위에서의 자동차 드라이브, 호숫가에서 여름 나기.. 그녀가 말하는 그 곳의 생활은 흥미진진하다.

우리는 첫 날 친구가 되었고 마치 초등학교 시절의 단짝처럼 쉬는 시간도, 점심 시간도, 심지어 내가 학원을 그만 둔 후에도 계속 붙어 다녔다. 그녀의 수업이 끝나는 시간에 맞추어 미술관이나, 성당 앞에 만날 약속을 하고 우리의 피렌체 리스트를 차례대로 정복해 나갔다. 그녀를 기다리는 동안 나는 벨라지오 박물관 마당의 조각들을 그리고 그녀에게 보여주며 칭찬 일색인 평을 들으며 으쓱했다. 함께 피렌체 골목을 쏘다니며 쇼핑도 하고 가끔 길을 잃어 의도하지 않았던 산책도 하고. 그리곤 맥주와 와인으로 이른 아페르티보를 시작해, 이탈리아어로 수다를 이어나갔다.

이탈리아어가 서투른 나와 영어를 못하는 안나. 우리는 즐겁게 이탈리아어로 계속 떠들수 있었다. 피렌체에서 마지막 일주일엔 이렇게 그녀와 참으로 밀도 있는 데이트를 하였다. 내가 시칠리아로 떠나는 마지막 날, 안나와 나는 근사한 레스토랑에서 저녁 식사를했다. 와인도 한 병 마셨다. 늦도록 함께 놀았다. 그녀의 기차가 막차 시간이 임박해서야 우리는 헤어졌다. 내일 다시 만날 것처럼 가볍게 인사했다. 그날 밤 안나는 서울-이르쿠츠크간 직항이 생겼다며 가족과 함께 꼭 놀러 오라고 했다. 나는 그 초대에 꼭 답하고 싶다. 두 가족이 함께 바이칼 호숫가에서 웃으며 즐거운 시간을 보내고 싶다.

친구들과의 이별이 싫었다. 아마도 나에겐 피렌체에서의 즐거운 시간과도 이별이었기에더욱 그랬을 것이다. 그 후로도 나는 그녀들이 없는 피렌체에 세 번을 더 갔다. 피렌체는 여전히 매력이 넘쳤지만 그때처럼 즐겁고 빛나는 시간을 가질 수는 없었다. 우리는 어쩌면 다시는 만날 수 없을지도 모른다. 그러나 나는 안다. 우리의 우정은, 추억은 오래도록 지속되리란 걸.

24. 길 위에서 만난 사람들 - 화가

누가 르네상스의 주인공이 아니랄까 봐, 피렌체엔 화가들이 많다.

특히, 거리의 풍경이나, 지나가는 관광객의 초상이나 캐리커처를 그리는 화가들이 많은 데, 매일 그리고 하루 종일, 같은 자리에 앉아서 그림을 그린다. 아이와 함께 나와 계시는 엄마 화가들도 있다. 소위 '생계형' 화가들이겠지만, 지금의 내겐 마냥 부러운 직업이다. 홀로 자기가 좋아하는 일을 하면서, 자신의 손으로 직접 무언가를 창조하여, 손님에겐 기쁨과 추억을 주고, 스스로는 돈도 벌고.

아침저녁으로 베끼오 다리를 오가다 만난 화가 아델리나는 피렌체 교외에 살면서 집 주변과 토스카나 풍경을 그린다. 그녀가 그리는 사이프러스 나무가 있는 토스카나 풍경이 맘에 들었다. 쓸쓸한 듯, 따뜻하게 사람들의 뒷모습을 그린 그림도 좋다. 언제나 먼 발치에서 그림만 들여다 보다가, 떠나기 전에 몇 점을 샀다.

그림은, 그리는 사람은 맘껏 그리고, 보는 사람은 옳고 그름이 아닌 느낌으로 다가갈 수 있어 편안하고 좋은 거 같다. 내가 큐레이터나 비평가가 아닐 바엔, 내 맘에 드는 그림을 만나 그 앞에서 한참을 쳐다볼 수만 있으면 그것으로 족하다. 그리고 아주 가끔, 지갑을 열어 그 그림을 살 수 있으면, 그렇게 처음 본 느낌을 집으로 가져와 간직할 수 있으면 운이 좋은 것이다.

25. 내가 좋아하는 곳

- 신비로움이 넘치는 〈산타 마리아 노벨라 성당〉

신비로운 힘으로 나를 피렌체로 이끌어 준 성당. 마사초, 조토, 브르넬리스키가 각각 만든 '예수 십자가'에서 르네상스 예술의 가르침을 받는다. 수도원 회랑을 거닐면 바깥 세상은 멀게만 느껴진다.

- 언제나 경쾌한 〈산 스피리또 광장〉과 화덕에서 피자를 굽는 〈구스타 피자〉

정통만 고집하지만 유쾌한 이태리 아저씨들이 장작이 활활 타오르는 화덕에서 피자를 끝없이 구워내고, 시끌벅적 작은 가게에서 기다리고 기다려 얻은 피자 한판 들고 산 스피리또 광장에 가 앉아 손으로 번쩍 들어 한 입 꽉 베어 물면, "Gusta gusta ~" 맛있다. 신난다.

– 자유롭고 한가로운 느낌의 〈보볼리 정원〉과 힘차고 멋진 〈피티 궁전〉

피티 궁전에서 르네상스 걸작들을 보노라면 예술에 대한 메디치가의 깊은 애정을 느낄 수 있다. 궁전에서 이어진 보볼리 정원을 거닐면 절로 자유롭고 한가로워진다.

– 보물 창고 〈우피치 미술관〉

보티첼리, 라파엘로, 다빈치, 미켈란젤로, 티치아노, 카라바죠…… 보고 또 봐도 다시 보고픈, 위대한 예술의 향연장, 우피치 미술관. 단언컨대, 지구별의 보석함이다.

– 풍경을 만드는 〈아르노 강과 다리들〉

토스카나 들판을 가로질러 온 황초록 강물이 도도한 강. 화려함과 아름다움을 사고 파는 오래된 다리. 강가에 단정히 늘어선 오래된 성당, 건물, 다리들. 이 모든 것이 어우러져 아름다운 풍경을 만든다.

– 한적하고 꿈결 같은 산책 코스 〈피에솔로 언덕〉

피렌체에서 버스 타고 한 시간. 피에솔로 언덕에 서면 멀리 피렌체가 한 눈에 내려다 보인다. 한적한 골목길은 꿈결 같은 산책길이 된다.

– 보볼리에서 미켈란젤로 언덕까지 이어진 인적 없는 산책길과 〈산 미나또 성당〉

보볼리 정원 남문에서 시작되는 언덕 길은 구불구불 점점 높아지고, 차들은 빙글빙글 돌아 올라간다. 그 길을 가로질러 걸어 오른다. 작은 분수대, 키 큰 소나무들을 지나치면, 올리브 숲이 나오고, 길 따라 하염없이 걷다 보면 피렌체 최고의(高), 아름다운 산 미나또 성당을 만난다. 서쪽 하늘로 해가 지면 르네상스의 꽃 피렌체가 붉게 물들어간다.

– 즐거운 건축학 개론

"건축의 비밀 암호"라는 흥미로운 건축학 개론 수업을 위해, 일주일간 매일 찾았던 피렌체 도서관. '암호를 풀어라' 특명은 '미션 임파서블'. 그렇지만, 책 읽고, 토론하고, 공부하는 이탈리아 청춘들의 생기가 가득한 도서관 테라스와 눈 앞에 펼쳐진 두오모의 코폴라 돔 구경은 최고의 보너스.

– 나의 배움터 〈미켈란젤로 학원〉과 아다(Academia D' Arte)

이탈리아어, 예술사, 건축의 비밀암호, 데생 그리고 요리를 배웠다. 하루 종일 새로운 것을 배우고 익히는 신나는 순간들. 아침 학원 가는 길은 너무도 즐거워 뜀박질을 하였고, 헤어질 땐, 친구들, 선생님, 교실 어느새 정들어 애틋하였다. 찬란했던 순간들은 모두 여기 이들과 함께였다.

– 여행자의 중정, 〈스또리찌 궁전〉

피렌체에서 가장 럭셔리한 쉼터. 명품 브랜드의 본사와 가게들이 늘어선 거리 한 가운데,
단단하고 품격 있는 분위기의 궁전과 그 중정은 누구나 언제나 들어가서 즐기고, 쉴 수 있
다. 커피, 공연, 책방, 미술관, 인터넷, 편안한 의자와 조각 하늘. 모든 것을 갖춘, 진정
한, 여행자의 중정이다.

26. The moments that I like

- 학원의 쉬는 시간,
  피렌체 뒷골목 카페에서 급우들과 에스프레소 한잔, 쿠키 한 조각
- 데생 시간. 화살처럼 지나가는 시간들. 집중력.
  그리고 어느새 완성한 그림 앞에서의 뿌듯함.
- 해가 좋은 날, 빛이 가득한 마당에 빨래 널고 음악 듣기
- 빗속을 뛰어 다니며 처마 밑에서 비 피하기, 구름 사이 해 만나기
- 종소리 듣기, 미사가 진행 중인 성당에 들어가 앉아 있기
- 스피리또 광장 앞 바사리 분수대 옆에서 책 읽기, 바람소리 듣기
- 피렌체 성당과 미술관들 하나씩 정복하기
- 길게 늘어선 줄을 제치고 우피치 미술관 자유롭게 드나들기
- 모든 아침 산책

27 . 언젠가 다시 가게 된다면 피렌체에서 내가 꼭 해보고 싶은 것

- 바르디니(Bardini) 정원 구경

- Scalzo 교회 벽화 보기

- 비 오는 이른 아침 〈보볼리 정원〉 산책

- 스피리또 광장 앞 아침 시장 가보기

- 아카데미아 미술관에서 다비드 그려오기

- 사이프러스가 아름다운 끼안띠 드라이브 - 베스파나 자동차를 타고

- 밤 늦게 쏘다니며 골목 걸어보기

- 미켈란젤로 어학원 한달 이상 수강해서 이탈리아어로 수다떨기

- 〈일 카포네〉에서의 일요일 브런치

- 다시 살아보기. 이번에는 그와 함께

28. 베스파를 타고 끼안띠를 달린다

'바람을 가르며 오토바이 타보기', 이탈리아 입성 이래로 호시탐탐 기회를 엿봤던 이벤트다. 오늘 드디어 그 꿈에 도전했다. 끼안띠 언덕에서 이탈리아의 국민 스쿠터 '베스파 (Vespa)'를 타고 달린다는 생각에 어젯밤 잠까지 설쳤다.

그. 런. 데…. 넘치는 의욕을 보이셨던 선생님 보기가 민망할 정도로 난 혼자서는 50미터도 채 달리지 못했다. 베스파는 우리네 오토바이와는 조종법부터 달랐다. 가속과 멈춤은 손으로 조절하고, 놀랍게도 방향전환은 엉덩이로 했다. 평생 스카이 콩콩이나 자전거도 제대로 배워 보지 못하다가 뒤늦게 자동차 핸들만 잡아 본 내가 베스파를 올라타고 엉덩이와 몸으로 균형과 방향을 잡으려니 베스파는 뒤뚱뒤뚱 오리걸음이다.

선생님과 함께 감각을 익히기 위해 두 손을 운전대에서 떼고 방향만 몸으로 조절하며 달리기도 했다. 잘 할 수 있다고 연신 기운을 북돋아주시던 선생님도 내가 도랑 길로 두 번째 달려들자, 겁을 먹으셨다. 내 엉덩이는 절대 내 맘처럼 움직여주지 않고 손만 자꾸 방향을 틀거나 기어변속 핸들을 거칠게 바꾸어 대니, 속력은 들쑥 날쑥하고 방향은 취객의 갈지자 걸음 마냥 왔다다한다. 조금 안정감 있게 달린다 싶으면 건너편 길에 자동차가 지나가고, 덜컥 겁이 나서 급 브레이크를 잡고, 서둘러 방향까지 틀어버린다. 휴, 길옆에 처박히지 않은 건 순전히 선생님의 순발력 덕택이다. 손에 땀은 나고, 몸은 말을 듣지 않고, 선생님에겐 너무 창피하고….

이렇게 난감할 수가. 아름답게만 보이던 끼안띠 구릉들은 순간 거대한 장애물처럼 느껴지고, 낭만적으로만 보이던 곡선의 길은 구불구불 어지럽다. 나 정도의 몸치라면 넓고 평평한 운동장에서 기본기부터 닦았어야 하는데, 끼안띠를 달리고 싶다는 바램만으로 여길 왔으니, 이를 어쩐다.

때마침 멋지게 전신 타이즈 유니폼을 입고 자전거를 타는 일군의 근육남들을 길 위에서 만났다. 하필 토스카나 언덕을 자전거로 달리는 큰 행사가 열린 날이었다.

끝도 없는 자전거 행렬이 우리를 지나쳐갔다. 멀리 언덕 길에도 뒤쳐진 자전거 행렬이 군데 군데 이어지고 있었고 색색이 헬멧들이 햇빛에 반짝이고 있다. 어흑– 길 옆 포도밭을 망치는 것도 두렵지만, 내 앞의 자전거 밭으로 돌진하고 싶진 않았다. 예측 못했던 자전거 대회를 탓하며 애써 담담한 척 핸들을 선생님께 넘겼다.

낙담한 나를 태운 선생님은 대신 끼안띠 구석구석을 달려 주었다. 농가의 길가에 심은 아티쵸크 먹는 법도 가르쳐 주고, 올리브 숲 속을 가로지르기도 하고, 대담하게 자전거 행렬을 마주하며 달리다 손도 흔들고, 끼안띠 최고의 치즈를 만든다는 하얀 소들이 사는 농가 외양간도 가보고, 멀리 산 지미냐노가 보이는 언덕에서 빨간 베스파 헬멧을 쓰고 멋지게 사진도 찍고….

끼안띠는 아름다웠다. 비록 선생님의 뒷자리였지만 끼안띠의 구릉과 와인농장의 구불구불한 사잇길을 바람을 가르며 달린 멋진 날이었다.

— Chianti con la Vespa

29. 아름다운 경쟁자

아름답다는 명성을 오래 전부터 들어왔다. 그래도 좀처럼 시에나와의 인연은 닿지 않았다. 하여, 토스카나에서의 세 번째 일요일, 오늘은 온전히 시에나로 채운다.

시에나는 피렌체 남쪽, 끼안띠 너머에 있다. 고대 에트루리아의 주요 도시였던 시에나는 로마 건국 신화의 주인공 로물루스 형제의 아들이 일으켰다는 전설을 가지고 있다. 그래서 거리 곳곳에 늑대와 로물루스 형제의 동상이 있다.

일찍부터 시에나와 피렌체는 경쟁과 전쟁의 역사를 만들어왔는데, 13세기에는 시에나가 16세기에는 피렌체가 승자였다. 피렌체에는 시에나에 승리를 거둔 전투를 묘사한 대형작품이 많이 남아 있다. 프랑스와 힘을 합친 시에나를 피렌체는 스페인, 독일, 주변 토스카나 도시와 연합하여 물리쳤다. 이탈리아 중부지역의 도시간 전쟁에 유럽의 강대국이 죄다 개입한 특이한 사례였다.

피렌체가 분지의 도시라면 시에나는 언덕 위의 도시다.
피렌체가 노랑과 오렌지색의 도시라면 시에나는 하양과 회갈색이 주조를 이룬 도시다. 피렌체가 독자적이고 자유분방한 분위기 속에 건축과 예술에서 르네상스를 가져왔다면, 시에나는 로마 제국과 바티칸에 더 신실했던 것으로 알려져 있다. 그래서일까. 완벽한 비례와 조화를 강조하는 르네상스식 건축물은 찾기 어렵다. 대신 시에나 건축물들은 로마네스크와 고딕 양식과 함께 그로테스크하고 화려한 바로크가 어우러져 독특한 분위기다. 르네상스의 꽃인 피렌체와 가장 인접한 도시이지만 시에나는 자신만의 스타일과 느낌을 가진 개성 있는 중세의 도시였던 것이다.

시에나의 두오모는 가장 높은 언덕 위에 있고 남북 양쪽으로 입구가 나 있는데, 지형을 살려 지어, 언덕 위에서 보면 단층이고 언덕 아래쪽에서 보면 이층으로 된 구조다. 두 개의 층은 지어진 시대가 달라 전혀 다른 양식으로 지어졌다. 시에나 두오모는 미켈란젤로의 조각과 화려한 프레스코 벽화, 이탈리아에서 가장 오래 된 고딕 스테인드글라스, 그리고 마사초가 만든 설교단 등 유명한 그림, 조각을 보유하고 있다.

두 도시는 서로 앙숙인 채 경쟁하였으나, 당시 예술의 대가였던 이들은 자유로이 행차하며 도시의 이름을 알리기 위해 경쟁적으로 초청받아 각 도시가 자랑하는 걸작을 남겼던 것이다. 나중에 피렌체 두오모가 시에나의 그것보다 더 크게 지어 명성을 얻자 시에나 사람들은 그들의 두오모를 증축하려 했다. 그러나 중세 유럽을 덮친 페스트로 인해 뜻을 이루지 못했다. 형편이 나아질 언젠가를 기약하며 중단되었던 공사는 오늘날까지 재개되지 못하고 있다. 그 때 짓다만 성당의 벽면과 기둥자리는 여전히 남아있다. 역시 가장 밉고 이기고 싶은 대상은 바로 어깨를 나란히 하는 가장 가까운 이웃이란 말인가? 두오모 광장에 서있는 아직 그 언젠가를 기다리고 있는 대리석 벽면과 기둥 자리를 보니 허허롭다.

두오모 내 피콜로미니의 방(Piccolomini Library)에서 만난 프레스코화는 매우 인상적이었다. 프레스코화라고 하면 의례 색이 바래서 파스텔 느낌이 나고 대체로 그림 일부가 떨어져 나가 오래된 벽화 같은 느낌을 준다고 생각했었다. 그런데, 라파엘로도 작업에 참여했다는 이곳의 프레스코화는 그 어떤 것보다 화려하고, 잘 보존되어 있었다. 프레스코화의 가장 큰 적은 습기와 자외선이라고 한다. 습기를 가까이에 둔 피렌체의 프레스코화들이 바래져 있었던 반면 이곳 시에나의 프레스코화는 그 화려함과 생생함을 여전히 지키고 있었다.

이탈리아

시에나에는 넓고, 강렬하고 힘찬 느낌을 주는 광장이 있다. 공화궁전 Palazzo Publica를 중심으로 펼쳐진 광활한 광장은 하늘에서 내려다 보면 분홍빛 조개 모양이다. 그 광장에서 Palio라는 말 경주가 해마다 두 번 열린다고 한다. 그래서 나는 경기가 열리는 7월 2일 다시 이 곳을 찾아올 것이다. 그들과 함께 함성을 지르며 응원을 하며 이 광장을 채우리라.

언덕이 많은 시에나에선 골목 골목을 오르락 내리락 걷게 된다. 걷다 보면 어느 순간 골목 사이의 조각 하늘에 아름다운 종탑이 걸려있거나, 골목 끄트머리로 초록의 끼안띠가 펼쳐져 있다.

눈 앞의 성당을 바라보며 언덕을 오르다 보면 건너편 하늘에 어느새 두오모와 공화국 궁전의 종탑들이 '짠'하고 나타난다. 그림 같은 풍광이다. 에트루리아의 수도 오르비에또가 〈천공의 성 라퓨타〉에 영감을 주었다고 하였던가? 언덕 위, 하늘 중간에 걸려있는 중세의 아름다운 성들은 그 어떤 SF영화나 애니메이션보다 더 동화적이면서 또 Futuristic 하다.

- Siena

30. 와인 꿈을 꾸는 연두빛 포도

끼안띠는 지역명이자 와인명인데, 토스카나주의 피렌체와 시에나 사이 주변 지역을 일컫는다. 18세기 초 메디치 가문에서 그 이름을 지었다고 전해지는데, 피렌체 사람들은 끼안띠 와인을 정말 사랑한다. 달콤한 과일 향과 꽃 향기가 어우러진 그 맛도 좋지만, 저렴하게 쉽게 찾을 수 있는 동네 와인이다 보니 어느새 나도 끼안띠 와인을 즐기게 되었다.

화창한 일요일 오후, 피렌체를 떠나기 전 사이프러스 줄 지어선 토스카나 언덕도 다시 보고 싶고, 포도밭도 구경하고 싶어, 끼안띠 마을 중 하나인, Greve in Chianti를 찾아갔다. 피렌체 시외버스 터미널에서 버스를 타고 한 시간 정도 구불구불 언덕 길을 달리니, 도착했다. Greve in Chianti는 피렌체처럼 사방을 둘러싼 언덕에 폭 안긴 분지 마을이었다. 중심에는 작고 아담한 광장이 있고, '에노테카'라 부르는 와인 시음과 판매를 겸하는 가게들이 여기저기 눈에 띈다.

초록 언덕을 눈과 가슴에 새겨 보고, 사이프러스 나무가 있는 풍경을 잘 담아두기 위해 준비한 일정인 만큼, 난 마을에서 가장 높은 언덕에 오르기로 했다. 조금씩 땀이 흐르고 숨이 차오를 때쯤 Montefioralle Badia a Passignano로 불리는 꼭대기에 도착했다. 정상에 위치한 작은 수도원과 하나 밖에 없는 마을 식당은 일요일이라 모두 문을 닫았다. 동네 사람들은 보이지 않고, 텅 빈 골목 한 켠엔 기운 햇살과 고양이들만 한가롭다. 짧은 마을 구경을 하고 내려오는데 길 가엔 야생 양귀비가 군락을 이루며 옹기종기 피어 있었다. 주홍빛 고운 꽃잎이 무심한 듯 우아하게 피어있다. 그 아래 줄기는 코스모스처럼 한들한들 가냘프다. 청명한 오월 하늘 아래 바람에 불어오니 양귀비꽃들이 이리저리 산들산들 몽상하듯 꿈꾸듯 빛 고운 군무를 춘다.

길 따라 내려오다 행여 지름길인가 싶어 길옆 올리브 숲으로 들어갔다. 나무들은 제법 키가 컸고 그 아래 풀들이 무릎까지 무성한데, 마른 풀들이 금새 운동화를 뚫고 들어와 발을 찌른다. 걸을 때마다 앞에서, 옆에서, 풀 밖에서는 보이지 않던 새들이 후드득 파드득 날아올랐다. 올리브 숲 안은 너무나 고요하여 어쩐지 생명이 느껴지지 않았는데, 나 때문에 놀라 달아나는 새들에 내가 놀라면서도 안도감이 밀려왔다. 올리브 나무의 우유 빛 섞인 초록 잎사귀들만 하늘을 배경으로 살랑거리며 벌써 사라진 새들의 흔적을 알려준다.

올리브 나무 숲을 지나자 나타난 키 작은 포도밭 언덕엔 연두 빛들이 생생하다. 포도밭 가까이 다가가 송이송이 들여다 보고 있자니 어린 연두 알알이 벌써 검붉게 깊어가는 와인의 꿈을 꾸고 있는 듯하다. 오월의 끼안띠 마을은 한없이 적요로우니, 왠지 쓸쓸해지는 마음 달래려 광장 근처 가게에 들어가 끼안띠 와인을 마셨다. 빈 속에 알싸한 듯 달콤해지는 그 향에 취해 버스에 실려 돌아왔다.

지난 주 끼안띠를 한 번 더 가고 싶다며 몬테풀치아노는 어떠냐고 피렌체 사람들에게 물었더니, 펄쩍 뛰다시피 하며, 거기도 아름답지만, 토스카나지만, 그 곳은 끼안띠는 아니라고 한다. 하긴 기차 타고 버스 타고 세 시간이나 떨어져 있다 한다. 이들에게 끼안띠란 분명하고도 특별한가 보다.

- Greve in Chianti

31. 냉정과 열정사이

피렌체의 영화, 〈냉정과 열정 사이〉에는 두 연인이 두오모의 코폴라에서 만나는 약속을
한다. 피렌체를 찾는 많은 사람들은, 연인들은 영화를 추억하며 그곳에 오르고 영원한
사랑을 약속하며 자물쇠를 남겨두곤 한다. 나는 피렌체 두오모 코폴라 전망대에 세 번 올
랐었다. 이번 여행 동안은 한 번도 오르지 않았다.

우피치 미술관의 3층 야외 테라스에 서면, 두오모의 코폴라가 정면으로 보인다. 피렌체
시내에서 가장 전망이 좋은 테라스다. 5월 한 달 간, 꿈같은 시간을 보내고 피렌체를 떠나
기 하루 전, 나는 그 곳에서 오후를 보냈다. 두오모를 바라보며.

굳건하게 반석을 다져가며
둥근 듯 가냘프게 봉긋한 선을 만들고선
천재들과 신실한 사람들의 염원을 담아
거기, 오백 년을 서서 긴 날들을 지내온 너.
삶의 고통과 번뇌를 짊어지고 네게로 와
아름답고 굳건한 네 모습에 위로와 용기를 얻어간다.
연인을 향한 고백과 소망을 네게만 들려주고 영원을 약속한다.
네게 구름처럼 바람처럼 시간처럼.
사랑은 지나가면 다시는 오지 않는 법.
어떤 열쇠로도 다시는 열리지 않는 굳게 닫힌 문.
기적처럼 먼 훗날 네 앞에서 다시 만난다 한들,
기억하지 말고 툭툭 털어내곤 현재를 살아가야 하는 걸 너는 안다.

이제 아무도 소망하지 않는 마음이,
끊어진 인연이 분명 거기 있었음을 너는 안다.
나도 알 것 같다.
아침이 되면,,, 잠시 피렌체를 떠난다.
CI VEDIAMO!

32. Buonissimo!

나폴리에 다시 왔다. 얼추 2년 만이다. 이번엔 바다가 보이는 아늑한 호텔이 아닌, 활기가 넘치는 가리발디 중앙역 앞, 한인민박에서 묵는다. 조선족 부부인듯한 주인장들은 순박하고 친절하다.

주인장이 추천한 나폴리 최고의 피자 집이다. 내리는 비 속에서도 장사진을 치고 있는 사람들을 뚫고 들어가 나의 번호표를 받았다. 한 시간 넘게 기다려야 한다는 웨이터의 말에도 꿈쩍 않고, 기꺼이 도전해보겠다는 의지를 보여줬다. 잠시 후 그는 찡긋 윙크하며 자리를 내어주었다. 5분 정도밖에 걸리지 않았다. 운이 좋았다.

아직 젊은 줄리아 로버츠가 한 입 크게 피자를 베어 무는 사진 아래서 맥주 한 병, 마게리타 치즈 한 판을 가능한 길게 음미하며 천천히 먹어 치웠다. 밖으로는 비가 세차게 쏟아지고 달리 우산도, 따스한 옷도 챙겨 입지 않은 난, 번잡한 그 피자가게에서 한껏 그 시간을 즐겼다. 피자가게를 나서는데 여전히 수십 명의 사람들이 가게 밖에서 기다리고 있다. 피자를 먹고 나니 그 기다림의 이유를 알 거 같다.

비가 멈췄다. 서둘러 카타니아로 갈 기차표와 내일 방문할 이스키아 섬의 배편을 마련하였다. 앞으로는 한 도시에서 머물지 않고 계속 움직이는 일정이라 긴장이 된다. 기억을 더듬어 예전에 가봤던 나폴리 궁전 광장을 찾았더니 또 비가 내린다. 날은 춥고 비 내리는 텅 빈 광장은 쓸쓸하다. 비를 피하고자 이번엔 광장 한 켠 카페에 자리를 잡았다. 작은 카페는 야외석 밖에 없어, 비는 피했으나 카페 룽고로도 스산한 한기를 누르기 힘들다.

나폴리에는 백 년 동안 우산만 만든다는 장인의 가게가 있다고 한다. 비가 잦아들면 그 장인이 만든 우산을 사러 갈 것이다. 지도상으론 좀 멀긴 하지만 금방 망가지는 우산 따윈 다시 사고 싶지 않다. 장인이 만든 우산을 쓰고 저녁엔 오페라 극장에서 공연도 볼 것이다.

비가 오니 춥다.

33. 아라곤 성에서

사랑하는 오빠에게.

아이들에게 파란 하늘 엽서를 고르다보니

오빠에겐 기품 있는 흑백 엽서를 보내네요.

이스키아의 아라곤 성이에요. 기원전 474년에 처음 요새로 지어졌대요.

그리스, 로마를 거쳐 15세기에 아라곤이라는 이름을 갖게 된 것 같아요.

힘들게 올라왔는데 그만한 가치가 있네요.

저는 저 성의 둥근 지붕아래 어딘가에 앉아 있어요.

함께 이 순간을 나누고 싶어 엽서를 사서 쓰고 있답니다.

여기서 시간은 빨리 가요.

지난 주엔 안나라는 시베리아에서 온 전직 기자 친구와

점심 저녁을 거의 매일 함께 했답니다.

음 오빠랑 데이트 하는 것처럼, 매번 다음 약속을 정하고 매일 만났어요.

덕분에 바이칼 호수 근처에 사는 사람들에 대해 알게 되고

외롭지 않고 혼자 밥 안 먹고 좋았어요.

우리 가족 모두 언젠가 이르쿠츠크에 꼭 오래요.

직항 비행노선도 있다네요. ㅎㅎ

여기 시간은 흐르는데,

전 달리 마음을 사로잡는 무언가는 아직 못 만났어요.

그래도 즐기면서 잘 지낼게요.

오빠도 건강하게 즐거운 시간 많이 만들고 지내요.

2013. 6. 2.

안녕, 사랑하는 수민이, 지인이.

아침에 엄마가 사진을 몇 장 보냈는데 잘 보았니?

이 곳은 이스키아 섬의 다른 곳 아라고네즈 성이란다.

엄마는 지금 성 바로 아래 초록이 보이는 중간 지점에서

너희에게 이 엽서를 쓰고 있어.

눈에 보이는 모든 것이 아름답구나.

음. 이 절경을 즐기기 위해 엄마는 이 곳까지 땀 흘리며 올라왔지.

아름다운 풍경에 정신이 팔려 올라오다가 돌부리에 걸려 넘어져

오른 손에 살짝 피가 나고 있다.

수민이, 지인이도 즐거운 주말 보내고, 잘 쉬고 있는 듯하여 엄마도 좋구나.

이태리는 카톨릭 국가라,

그 믿음으로 아름다운 성당과 수도원이 아주 많이 있단다.

참 어제 숙소에서 두 자매가 함께 배낭여행을 왔더구나.

수민이와 지인이도 커서 유럽에 함께 여행 오면 참 좋을 거 같아.

가이드로 엄마도 같이 와 줄게.

항상 사랑한다. 건강하렴.

2013. 6. 2.

34. 돌고래 꿈

이스키아 섬 앞 바다에서 돌고래를 봤다.

파도 사이로 힘차게 오르는 돌고래. 햇빛을 받은 매끈한 이마와 등허리가 반짝거렸다. 포물선을 그리며 하늘을 향해 뛰어 오르는 유선형의 그 아이는 활기차고 경쾌했다. 반갑다고 인사하듯 세 번 연속 점프를 해준다.

와~

안녕! 난 지중해에서 사는 돌고래야. Come stai?

아이들 어릴 적, 잠자리에 누워 자장가 레퍼토리가 바닥을 드러내고, 아이들이 이야기해달라 졸라댈 때면, 울릉도 앞바다, 독도 때론 제주도에 사는 돌고래 가족, 돌고래 학교, 태평양으로 소풍 간 돌고래 얘기를 해주곤 했었다. 막내가 특히 좋아했는데.

오늘 밤엔 아이들이 등장하는 돌고래 꿈을 꾸면 좋겠다.

- Isola d'Ischia

35. 기차여행 ──────────────────

나폴리에서 시칠리아를 가는 방법은 여러 가지가 있다.
비행기를 타거나, 배를 타거나, 기차를 타거나.
기차를 타고 바다를 건넌다는 말에, 게다가 그 코스가 너무나 아름답다는 정보에
일곱 시간의 긴 여행에도 나는 선뜻 기차표를 샀다.
과연 나폴리에서 시칠리아까지 기차는 줄곧 지중해 해변을 달렸다.
그리고 드디어 이탈리아 반도 마지막 정류장에 도착했다.

'나는 지금 남부 해안가를 따라 달려 온 기차와 함께 바다를 건널 것이다.

기차가 멈추자 승무원들이 모두 내린다.
객차엔 몇 명만 남아있었다.
창 밖엔 큰 배들이 오가고 있다.
눈 앞에 손에 잡힐 듯 커다란 섬이 있다.

저것이 시칠리아인가?

기차에서 나는 작은 소리에도 귀 기울인다.
지금 분리하는 건가? 이 객차는 스스로 달려 배 위로 가는 걸까?
나가봐야겠다. 흠 십 분간 정차해있다가 기차가 서서히 움직인다.
삐그덕 소리 내며 천천히 달린다. 멈추었다. 아직 선로인데……
어? 거꾸로 달린다. 이번엔 부드럽다. 다시 또 멈추었다가 움직인다. 오래 걸리는구나..
여긴 기차역이 아니다. 지금 보니 남은 객차가 네 량이다.

움직인다.
저기 큰 입을 벌린 배가 보인다. 드디어 배 안이다.

옆 철로에 다른 객차도 있다. 가방을 옆 칸 할머님께 맡기고 사람들을 따라 올라가본다.
갑판이 나오고 바다가 나오고 바람이 분다. 배가 움직인다 건너편 섬이 시칠리아였다.
에스프레소 한 잔 마시고 바다 바람에 큰 숨을 쉬고 햇살을 즐기다가 내려온다.
이제 보니 이 배는 피노키오 아빠와 배를 통째로 삼킨 고래 같다.
기차를 삼킨 배 아래쪽, 배 속은 어두컴컴하니 으스스하다.
얼른 자리로 돌아가 앉는다. 나와 기차 아래 파도가 넘실대는 바다가 있을 것이다.

배가 항구에 도착하면 기차는 또 삐그덕 거리면서 움직일 것이다. 시칠리아 품으로.

기차로 바다를 건넜다는 흥분이 채 가시기도 전 기차 창 밖 풍경은 시칠리아를 건넌 뒤 더
욱 아름다워졌다.

남쪽 바다는 더욱 파랗고 해안선은 더욱 아름다웠다.
꽃들은 더욱 붉고 6월의 오렌지 나무들을 지나치면 그 향긋한 향기가 바람에 날라온다.
기차는 타오르미나 같은 아름다운 고대 도시를 지나 멀리 에트나 화산을 향해 달렸다.
이제는 전설이 된 고대 도시들을 향해 달려갔다.

36. 시칠리아에서 만난 그리스

카타니아, 타오르미나, 시라쿠사, 아그리젠토를 걸었다. 모두 그리스인들이 지은 극장과 신전이 남아 있는 옛 식민도시들. 그리스인들의 초기 작품 위에 로마인들이 한 층을 더 올렸고, 중세에는 비잔틴과 바로크의 흔적이 더해진 곳. 그 속을 걷다 보면 일순 시간의 흐름이 아득해진다.

카타니아는 17세기 에트나 산의 화산재가 도시의 대부분을 덮어버린 뒤 새로 건설하다시피 한 계획 도시다.

당시 한창 유행하던 바로크 스타일이 도시 전체를 감싸고 있다. 화산 폭발의 흔적인 검은 거리를 배경으로 새로 지은 하얀 바로크 건물들이 묘하게 대조적인 분위기를 만든다. 카타니아 시민들에게 에트나 화산은 신화이자, 철학이자, 건축이자, 삶의 중심인 것 같다. 저만치 높은 곳에 걸려있어 도시 어디에서도 볼 수 있는, 살아있는 화산을 바라보면서 살아가는 사람들의 마음가짐은 보통 사람들의 그것과 다를 수밖에 없지 않을까? 카타니아의 두오모 광장에는 도시의 상징 검은 코끼리 분수가 있다. 17세기 에트나 화산이 토해낸 검은 용암으로 만들어진 검은 코끼리는 에트나 화산과 적으로부터 카타니아를 보호해 준다고 한다. 그런데, 그 검은 코끼리는 씨익 웃고 있다. 일곱 번의 화산 폭발과 지진으로 무시무시한 파괴를 경험한 카타니아 사람들. 결코 굴복하지 않고 폐허 속에서 도시를 재건하며, 두려움의 원천이자, 생존과 희망의 원천인 에트나 화산을 향해 웃고 있는 것이다.

타오르미나는 그리스 이전부터의 역사를 가지고 있는 고도(古都)다. 늘 중앙정부의 관심을 받았고, 한 때는 부(富)도 누렸던 도시. 지금은 시칠리아에서 가장 고급스런 휴양도시다. 예술가들의 사랑도 남달라서, 이 곳을 담은 많은 작품들이 만들어졌고 도시를 배경으로 한 책들도 적잖이 나왔다고 한다. 도시 한 켠의 그리스 식 원형극장에서 바라다보니 타오르미나는 천혜의 요새다. 도시 가운데 성당이 있고 그 앞으로 대리석 광장이 펼쳐져 있다. 광장이지만 반쪽은 하늘 차지다. 하늘과 바다를 향해 열려있는 꿈의 테라스…… 아름답다는 말밖에 달리 더할 게 없다.

푸니쿨라를 타고 도시의 아래로 내려가면 두 개의 작은 만(cove)이 잇닿아 있고, 그 앞으로 작은 섬 Isola di Bella가 있다. 섬은 가느다란 모래톱으로 시칠리아와 연결돼 있고, 작은 만 위로는 나무로 만든 조각배가 점점이 떠 있다. 바닷가의 철길 위로 종종 기차가 지나간다. 수영복이 없는 나는 바위에 걸터 앉아 발을 담갔다. 파도 소리도 얌전한 것이, 모래 위에 누우면 금새 졸릴 것 같다. 이름 그대로 아름다운 섬에서의 아름다운 시간이다.

시라쿠사는 16세기에 큰 지진을 겪었다고 한다. 그리고 페스트가 덮쳤단다. 가깝게는 2차 세계대전 때 독일과 연합군 간의 격전지로 큰 파괴를 경험했다. 시내에는 유네스코 세계문화유산으로 지정된 그리스 유적이 있다. 그곳엔 여름이면 그리스 연극이 공연되는 그리스 식 원형극장이 남아 있다. 아담한 오르티지아 섬은 산책하기에 제격이다. 이 섬에는 그리스 신전을 개조해서 만든 바로크 양식의 아름다운 성당도 있다. 카타니아가 검은 색이라면, 시라쿠사는 하얀 색이다. 상아 빛깔의 바로크 건물들이 한낮의 빛과 어우러져 만들어내는 웅장함은 현기증을 일으킨다.

아그리젠토는 시칠리아 섬 남쪽에 있다. 아그리젠토는 Magna Graecia (*옛날 그리스인
들이 정착했던 이탈리아 지역에 대한 통칭)의 중심 도시로서, 여기엔 그리스 신전들이 모
여 있는 Valle dei temple 라는 언덕이 있다. 신전들은 이오니아 해를 내려다 보며 언덕 위
에 서있다. 황토 빛과 붉은 기운이 감도는 돌로 지어져 아직도 준수하게 원형을 유지하고
있는 신전들이 비현실적으로 느껴진다. 아테네를 비롯해 무너진 땅 위에 하얀 돌기둥만
남은 신전이 얼마나 많은가 말이다. 그 중에서도 콩코르디아 신전은 고대의 원형을 고스
란히 간직하고 있다. 별다른 꾸밈없는 돌기둥들이 등간으로 줄 지어 선 형테의 그 신전은
단순해서 아름답다.

수많은 그리스 신전과 유적을 파괴한 로만 카톨릭의 광기에도 콩코르디아가 살아남을 수 있었던 것은 어느 주교가 이 신전을 교회로 개조한 덕분이라고 한다. 신들의 거처도 인간들의 광기를 피해 살아남기 위해선 변신이 필요했던 셈이니 神生無常이라 해야 하나. 몇 그루의 아몬드와 올리브 나무들만이 신전을 지키는 모습이 안쓰러웠던 걸까. 지금의 후손들은 신전 앞 언덕에 이카루스의 동상을 세웠다. 추락으로 팔 다리가 부러지고 잘린 채 날개를 접고 땅에 비스듬히 누워 눈을 감은 이카루스와 이천오백 년을 한 자리에 서있는 신전을 바라보고 있자니 이제는 전설이 된 신들의 역사가 무상하다.

태양의 섬 시칠리아의 강한 햇살은 모든 것을 증발시켜버릴 것만 같다. 이천 년, 때론 거의 삼천 년 전 유적들 사이로 산책을 하며 집중력을 지속하는 것은 정말 힘들다. 자꾸만 과거 속으로, 상념 속으로 빠져들었다.

신들의 언덕을 내려와 아그리젠토 해변에서 보낸 두 시간은 청량했다. 파도가 거세어 바다의 위용을 느낄 수 있었고, 비키니 입고 해변을 뛰어 다니는 젊은이들은 바라만 봐도 생동감이 넘쳤다. 이천 년 전 과거로부터 현재로 돌아오는 버튼을 누른 기분이었다.

37. 노또에서 달달한 오후

여행자들의 바이블 〈론리 플래닛〉이 말했다. 시칠리아에 가면 반드시 먹어야 할 것 중 첫
째는 '카페 시칠리아'의 단것들(Dolce)과 커피라고. 그 말만 듣고 덜컥 노또(Noto)라는
도시로 왔다. 지난 토요일 피렌체를 출발해 나폴리, 이스키아 섬, 카타니아, 타오르미나,
시라쿠사를 거쳐 노또까지 무려 여섯 개의 도시를 다닌 셈이다. 일주일 만에 시칠리아의
주요 도시들을 주파한다는 계획은 아무래도 무리였나 보다. "시칠리아에서 제일 가는 단
맛"이란 말에 이끌려 나는 시라쿠사도 오르티지아 섬도 뛰듯이 서둘러 보고 곧바로 기차
로 삼십 분을 달려 여기에 왔다.

기차라 해봐야 지선인데다 하루에 몇 편만 다니는 걸 보고 작은 마을이겠거니 했다. 게다
가 역전 광장에는 그 흔한 버스 정류장도 택시도 보이지 않았다. 사람도 없고 지도도 없으
니, 멀리 높은 언덕 위쪽 시내로 짐작되는 곳을 향해 마냥 걸어 올라야 했다. 조용하고 한
적한 언덕 길을 이십 분 정도 오르니, 넓은 평지에 초록의 공원이 나오고 이내 화려하고 커
다란 바로크 식 성문이 나타났다.

노또 거리의 건축물들은 장식적이고 웅장했다. 아치와 조각들, 곡선이 소용돌이치는 바
로크 건물들이 강렬한 햇볕 아래 빛나고 있고 하늘엔 새들이 떼를 지어 날아다녔다. 도시
는 생각 이상으로 규모가 훨씬 컸지만, 가게들, 카페, 식당들은 몇 곳만이 문을 열고 있었
다. 거리는 너무도 한산하다. 삼삼오오 걷고 있는 관광객들조차 들뜨지 않고 묵묵한 지경
이다. 집들 대부분은 창의 덧문까지 닫고 있었고 박물관도, 성당도 굳게 문을 닫았다. 딱
하게도 난 시에스타의 한가운데에 도착한 것이다.

문득 어릴 적 봤던 영화가 생각났다. 비행기가 불시착하여 내리자 텅 비어있는 낯선 도시,
혼자 남은 주인공, 이유를 알 수 없는 상황, 보이지 않는 그 무엇이 생명체도 소리도 모든
것을 삼켜버린다는 내용이었다. 줄거리도 결론도 명확히 기억나지 않지만, 주인공이 느끼
는 고요와 정적에 대한 공포가 생경하면서도 생생했다.

이상한 정적을 뚫고 카페 시칠리아에 도착했다. 카푸치노와 카자티나(Casatina) 케이크를 주문했다. 카페 야외 테라스의 은빛 철제 탁자와 의자는 딱 기분 좋을 만큼 서늘했다. 고운 연둣빛의 달콤한 카자티나를 한 입 베어 물자 혀에서 뇌로 '단 것'의 등장을 알려주는 '단파'가 찌릿 전해진다. 강하고 견고한 단맛이다. 달달한 오후의 절정이다.

기차시간에 맞추어 내려오며 언덕 위 노또의 사람들은 세 시가 넘으면 다시 일어나서 움직일 것인지, 그래서 라임 빛의 바로크 도시는 괴괴함을 떨치고 다시 살아날 것인지 궁금해졌다. 기차는 정시에 도착하였다. 노또의 달콤함은 쉬이 잊기 힘든 강렬한 화인을 혀끝에 남겼다. 그러니 쓸쓸한 듯 수상한 이 도시에 대한 의문은 다음 기회에 풀기로 하자.

– Noto

38. 타오르미나의 직장천사들

정장을 차려 입은 남녀가 큼직한 서류가방과 핸드백을 옆에 두고 지친 듯 벤치에 앉아 있다. 상대의 어깨에 기댄 긴 목조차 고단해 뵈는 여자도, 어깨를 내어준 남자도 안쓰럽긴 마찬가지다. 그런데, 그들의 등엔 날개가 솟아 있다.

지극히 현실적인 소재를 작품화한 이 동상을 시칠리아에서도 고급 휴양도시에 속하는 타오르미나의 바다가 내려다 보이는 작은 공원에서 발견했다. 조금은 생뚱맞다.

작가의 이름도, 작품 설명도 없다. 아름다움만이 가득한 이 곳에 들러 휴식을 취하는 사람들에게 잠시 잊고 있었을 삶의 현실을 깨우쳐 주려는 듯.

39. 체팔루에서

잘 지내고 있나요?

아침에 오빠와 잠깐 통화를 한 날이에요.

지금은 체팔루 바닷가 카페에 앉아 Graniti라는 일종의 스무디를 마시고 있어요.

해변에는 비키니 입은 수많은 사람들이 물놀이, 공놀이, 잠수 놀이를 하고 있고요.

다음에 비치가 있는 도시에 갈 땐 꼭 수영복을 사서 가야겠어요.

오빠랑 둘이 사이판 마나가하 섬에서 누워 책 읽던 생각이 나네요.

음 그날 종종 생각이 나요. 참 좋았나 봐요.

그렇게 함께 한 한가하고 평화롭던 그 시간이.

지금 생각해보니 그 뒤론 둘이서 해변에 그렇게 누워서 책도 보고 물놀이도 했던 적이 없네요.

언제 우리 다시 한번 해봐요. 비키니 입고서요. ^^

그러려면 아직 젊을 때 해야겠네요.

건강하세요.

2013. 6. 7.

안녕, 수민아, 지인아.

엄마는 지금 시칠리아 섬의 북쪽, 체팔루라는 작은 도시에 와 있어.

엄마가 어릴 적에 정말 좋아하던 영화가 있는데, '시네마 천국'이라고 .

아주 귀여운 꼬마아이가 바로 여기 체팔루 성당에서

미사 드릴 때 도와주는 일을 했었어.

아이는 작은 어촌에서 할아버지랑 영화관에서 영화필름을 틀어주는 일도 했었지.

그러다가 영화가 좋아지고 나중에 유명한 영화감독이 되는 줄거리야.

엄마도 한 때 영화와 관련된 일을 하고 싶었던 적이 있는데, 그

 시작이 이 영화였던 거 같아.

요즘 우리 수민이, 지인이는 무슨 생각, 무슨 꿈을 꾸며,

지내는지 궁금하구나.

보구싶구나.

2013. 6. 7.

40. 여행을 다니다 보면 ────────────

여행을 다니다 보면,
감흥이 사라질 때가 있다.
지금 바로 그 곳에 있는데도 말이다.

토토는 여길 떠나고 싶어 했다.

한때, 나를 꿈꾸게 만든 유일했던 꿈의 시작이었던 그 천국에서,
난 무감무념무상의 이상한 사람이 되어 버렸다.
지금의 내게 슬슬 화가 난다.

..... 기다려보자.

— Cefalu

41. 길위에서 만난 사람들 - 아이

대리석이 눈부신 성당 앞에 한 꼬마가 아코디언을 켜고 있다.

뙤약볕 아래, 우리가 알아들을법한 노래들을 제법 그럴싸하게 연주한다. 지친 걸까, 지나가는 발걸음이 뜸해지면 겨우 얼굴만 돌려 해를 피한다. 아이의 아코디언 연주는 구슬프다. 아이의 인생도 아마 그럴 것이기에, 한참을 주위를 맴돌며 아이를 바라본다. 1유로를 건네주다 눈이 마주쳐서, 연주 잘했다고 칭찬해주었다.

그랬더니 씨익, 하며 아이의 웃는 얼굴에 생기가 스친다. 웃을 수 있다면 된 거야. 게다가 미소가 매력 있어. 아이야, 어떻게든 헤쳐나갈 수 있을 거야.

42. 친절한 시칠리아

시칠리아에는 친절한 사람들이 아주 많다.

처음엔 기대치 않았던 그들의 지극한 친절에 어리둥절하고 낯설었지만,

일주일을 그들과 함께 한 지금, 그들의 친절이, 호의가 어색하지 않다.

이 분들은 천성이 착해서라고 생각한다.

어떻게 이렇게 다들 감동적으로 착할 수 있는 거지?

물질적인 가진 것이 적더라도, 유럽 삼류라 손가락질 받아도, 가난해도,

그 마음 씀은 참으로 넓고, 푸근하고, 밝기만 하니 시칠리아 인들에겐

천당으로 가는 문이 활짝 열려 있을 것이다.

스페인

43. 봄을 만나다

시칠리아의 찬란한 태양 아래서 온몸의 수분들이 흡수되고,
정신마저 벽에 걸어둔 꽃다발 마냥 시들시들해지려던 찰나,
세 시간의 순간 이동을 하였다. 세비야다.

2013년 봄을 여기서 처음 만났다. 너, 여기 있었구나.
살랑살랑 밤바람이 향기롭더니 찰랑찰랑 마음 샘이 차오른다.

– Sevilla

44. 아이야

아이와 긴 통화를 했다.
아이의 외로움을 느낄 수 있었다.
비 내리는 밤, 빈 집에서 그 아인 무얼 하고 있었을까?
난 아이에게 어떤 엄마길래 여기 있는 걸까?

미안하다 아이야. 혼자 있게 해서.
사랑한다 아이야.
약속할게.
언제나 네 편이 되어 줄게.

론다는 높다.

낮에는 태양과 가까워 더욱 뜨겁고, 밤이면 사위가 더욱 까맣고 고요하다.
두 개의 높은 언덕과 그들을 잇는 다리, 그리고 하얀 마을이 함께 만들어내는 독
특한 풍경은 사람들의 뇌리에 오래 남는다.
한 번이라도 론다의 사진을 본 사람은 이곳을 찾아 오게 만드는 마력이 있다.
내가 그렇게 찾아왔다.

론다의 매력은 주변의 산과 구릉,
평원이 만들어내는 발 밑 아득한 풍경과 함께 더 강력해진다.
해 지는 론다의 서편 언덕에서 나는 태곳적 기억과 만난 듯했다.
저녁 열 시가 넘어 아직도 온기를 머금은 바람은 발 아래
평원에서, 하늘에서, 언덕 사이에서 불어,
내게 남은 한 낮의 열기를 식혀주었다.
내 길었던 삶의 뜨거운 기운도 식혀주는 것만 같았다.
언덕 위 작은 분수 앞에서는 기타리스트가 알함브라 궁전의 추억을 연주하고 있었다.

붉은 노을은 아름다웠다. 론다가 더 아름다워진다.
바람을 가르는 그 선율은 지나가는 여행자의 깊은 기억을 끄집어낸다.
나는 어느새 초원을 가로질러 달리고 있다.
내 발로 뛰고 있었는데, 발 밑 바람을 타고 내 몸이 부웅 솟아오른다.
나무가, 숲이, 집들이, 산이 발 아래로 펼쳐진다.
산은 검게 변하고, 노을은 더욱 붉어지고, 산 옆으론 달이 떠오른다.
산허리 감아 불빛들이 점점이 마을로, 집으로 돌아오고 있다. 개들이 컹컹 짖어댄다.
마치 서로 신호라도 주고 받듯이 컹컹, 왕왕.

순간, 나는 다시 노을 언덕 위에 서있다.

기타 연주자는 어느새 하루를 접고, 정리하고 있었다.
론다의 다리가 황금빛 불빛 속에 빛나고 있었다.
그 다리는 내가 알지 못하는 오래 전, 기억으로 이어주는 것만 같다.
그 다리를 건너면 새로운 모험이 펼쳐질 것만 같다.

46. 론다 모험 이야기

론다에서 마지막 날,
'노을 언덕' 아래를 내려가 보기로 했다.
늘 내려다 보며 무엇이 있을까 궁금했던 곳.

100미터가 넘는 협곡 위, 허공에 걸린 듯 우아한 아치 모양의 상아빛 다리는 론다를 신비
스럽게 만드는 주인공이다.
그 주인공 아래, 협곡 중간 지점쯤 한줄기 폭포가 언뜻 보인다.
폭포, 더 아래 강이 협곡을 따라 굽이쳐 흐르고 있을 것이다.
위에서 보면 강으로 흘러내리는 폭포도, 강도 가까이 다가갈 수 있을 거 같은데, 울창한
숲에 가려 아래가 잘 보이는 곳이기도 했다.

누군가 강 아래로 내려갈 수 있는 길이 있다 했었다.
돈을 내면 편안히 계단을 걸어 내려갈 수 있는 코스가 몇 개 있다고 하는데,
왠지 그런 식으로는 언덕 아래 숨어 있을 폭포와
강의 비밀스런 모습을 볼 수 없을 것 같았다.

모자를 쓰고, 작은 가방에 지갑과 사진기만 들고 길을 나섰다.
발자국으로 다져진 몇 개의 코스 중, 곧장 폭포 근처로 이어질 것 같은 길을 택했다.
코스 초입 길섶에서 만난 60대 부부도 실랑이를 벌이며 고민하고 계셨다.
아줌마는 그만 올라가자 하고 아저씨는 내려가고 싶다고 하고.
아저씨가 앞장 서 내려간다.
나 혼자면 숲의 모든 소리와 소리가 멈췄을 때의 적막이 무서울 테지만,
선한 인상의 사람들과 함께 하니, 나도 맘이 한결 편안해졌다. 조용히 따라 붙었다.

그렇게 땡볕 아래서 올리브나무와 키 작은 꽃과 관목들 사이를 내려가니, 금새 키 큰
나무들이 하늘을 덮어주었다. 시원해졌다. 길은 더 험해지고. 갑자기 폭포가 나왔다.

폭포라기보단 갑자기 나타난 위쪽 큰 바위에서 물이 쏟아져 내려오는 거였다. 길은 그 아래로 이어지다 발 아래 땅이 크레바스 마냥 갈라지고 그 사이로 물이 세차게 흐른다.

서로 잡아주며 건넜다.
무너진 집이, 건물이 보였다.
이미 오래 전 인적이 끊긴 집 안에는 나무가 자라고 있고,
땅도 군데군데 무너져 큰 구멍을 만들고 있었다.
내려다보니 커다란 사람 운동화가 보였다. 훅- 소름이 돋았다.
다행히 사람 해골 같은 건 보이지 않았다.

길이 자꾸 깊은 개울물로 끊어졌다. 이젠 하늘도 잘 안보이고 물소리만 크게 들린다.

드디어 아주머니께서 포기하시려고 한다. 더 내려가는 건 위험하다는 것이다.
아저씨께서 설득하신다.
그래도 젊은 내가 용기를 내어봐야지. 물소리가 점점 커지는 게 강은 가까운 것 같다고
계속 가보자고 했다. 나의 설득에 아주머니도 따라 나선다.

서로 도와가며 잡아주고, 밀어주고 그렇게 내려가는데, , ,

길이 툭 끊어졌다.
아래로 가파른 언덕이 보이는 것이, , , 어느 홍수에 길이 무너져 내렸나 보다.
결국 우리는 돌아와야 했다.

올라오며 잠시 하늘과 다리가 보이는 곳에서 사진 찰칵.

나니아 연대기, 반지의 제왕에나 나올 법한 숲이 이 언덕 아래 있었다니.

숲의 정령에 이끌려 작은 밀림에 다녀온 듯 했다.

언덕 중턱으로 다시 올라 온 뒤, 우리가 선택하지 않았던 경사가 완만하나 태양 아래 그대로 드러난 반대편 언덕길을 다시 내려가 보기로 했다.

내려가다 우리는 깨달았다.

거기 아랫마을 들판에는 농장이 있고,

강은 마을 길을 따라 완만히 이어진 다리 아래 있다는 것을,

그렇게 도착할 강가는 우리가 찾았던 신비로울 숲 속 강가가 아니란 걸.

마침 아래 마을에서 높이 솟은 론다와 다리 전망을 올려다 보러 온

영국인들 차를 얻어 타고 함께 위 마을로 돌아왔다.

시청 광장 분수대 옆 작은 수돗가에서 손도 씻고, 땀도 닦고,

아래 마을 태양 아래 금새 빨갛게 익은 우리는 함께 시원한 음료수도

한 잔씩 하고 헤어졌다.

즐거운 작은 모험이었다.

비록 우리가 선택한 길이 우리를 숲 아래 강가까지 연결해주진 않았지만,

기대와 긴장감, 두려움과 용기로, 땀으로 범벅이 될 수 있었다.

그런 것이다.

어느 순간 간절히 원했다고 모든 일을 끝까지 갈 수 있는 것은 아니다.

그냥 그만해야 할 때가 있는 것이다. 그래도 괜찮은 것이다.

47. 론다에서

오빠에게.

정열의 투우장을 가진 론다의 불타는 노을이 맘에 드나요?

나는 저토록 붉은 노을과 바위를 보지는 못했지만, 이곳의 노을은 아름답습니다.

내겐 저 거친 바위 언덕 위의 다리가 오빠와 나를 이어주는 다리 같아요.

두 계곡 사이로 작은 강이 흐르는데,

저기 보이는 두 번째 아치 아래로 폭포처럼 흘러 내려요.

제법 폭포의 소리도 만들고요.

왼쪽 바위 위에 덩그러니 있는 호텔에서의 런치는 하지 못했어요. ^^ 내일 할게요.

아니 어쩌면 다음에 오빠랑 같이 오면 함께 하려고 남겨둘 지도 몰라요.

나의 미래, 내가 하고 싶은 것들에 대한 생각은 더 이상 하지 않을래요.

그냥 여기서 보는 것, 들리는 것, 떠오르는 것들 잘 기억에 담아두고…

또 잊혀져도 그만이라고 생각할래요.

나 여기 있어도 자꾸 오빠랑 가족에게만 맘이 달려가요.

다음에 론다에 함께 와서 우리 붉은 노을 같은 추억을, 시간을 함께 해요.

안녕.

2013. 6. 12

TOROS EN RONDA 2012.

48. 피카소는 떠나 다시 돌아오지 않았다

피카소 미술관이 없었다면 말라가를 찾지는 않았을 것이다. 그는 여기서 태어나 열 아홉이 되던 해 떠나 다시는 돌아오지 않았다. 그의 미술관은 정갈하고 고즈넉했다. 그처럼 나도 다시 돌아오지는 않을 것만 같다.

말라가와 네르하는 바다를 만나러 와야 한다. 바다의 품에서 수영을 하고 해변에서 모래놀이도 해야 제대로 즐기는 거다. 다시는 수영복 없이 바닷가 마을엔 가지 않겠다. 빛나는 태양과 신나는 물놀이, 선탠 하는 사람들을 바라만 보는 건, 더 이상 해서는 안 되는 일이다.

– Malaga

49. 순백 대 형형색색

스페인의 프리힐리아나는 지중해 연안의 하얗고 예쁜 마을을 좋아하는 한국인들에게 인기가 많다. 그 작은 마을에서 나는 숨막힐듯한 순백색과 생동감 넘치는 형형의 색들을 모두 만났다.

6월 여름 한낮에 도착한 마을에서는 모든 것을 태워버릴 듯 내리 쬐는 태양이 금새 살갗을 따갑게 했다. 이렇다 할 나무 그늘도 거의 없이 이어진 하얀 집과 하얀 담벼락, 하얀 골목들은 현기증을 일으킬 정도로 아찔했다. 색색의 대문과 잘 자란 꽃과 화초들마저 없었다면 난 숨도 쉬지 못했을 것이다. 기이하게 조용하고 하얀 이 마을은 내게 아름답지 않았다. 하얀 것들은 강한 빛과 힘으로 주변의 에너지를 흡수하고 있었다. 그렇게 태양과 하얀 색에 지쳐갈 때쯤, 뜨겁고 하얀 것들의 포위를 뚫고 마을 아래쪽에서부터 음악이 들려오기 시작했다. 플라멩고 경연대회가 있는 날이었다.

경연장 주변에는 우리나라의 지역 축제에서 흔히 볼 수 있는, 그 소박하다 못해 촌스러운 모양새가 외려 친근하게 다가오는 놀이기구들이 잔뜩 자리잡고 있었다. 어디 그뿐인가. 크고 작은 풍선들, 빠에야와 각종 꼬치구이와 맥주를 파는 행상들, 그리고 정말 커다란 천막 아래엔 수많은 가족들과 구경꾼들까지 모두 저마다 흥에 겨웠다. 무대에선 대여섯 살쯤 되어 보이는 아이들이 단체로 플라멩고를 추고 있었다. 머리에 꽃을 달고, 곱게 화장하고, 멋진 삼단 드레스를 휘감은 아이들 중에는 벌써 춤사위가 예사롭지 않은 아이도 보인다. 청일점 남자 아이도 배에 빨간 비단 띠를 두르고 수줍은 듯 스텝을 밟는다. 우레와 같은 박수와 함께 그 뒤를 이어 초등학교와 사춘기 아가씨들 팀이 차례로 나오고, 마지막으로 성인 팀이 등장했다. 네댓 살의 어린 아이부터 초로의 할머니까지 모두가 플라멩고를 추었다. 공연 팀이 바뀔 때마다 무대 아래 가족들은 사진을 찍고 박수를 치고 환호성을 질렀다. 구경꾼들도 그냥 오지 않았다. 공갈 젖꼭지를 물고 있는 갓난 아이도, 이제 막 걸음마를 뗀 아이들도, 어느덧 자태가 흐트러져가는 사십 대 아줌마도, 팔순의 할머님도 모두가 화려한 플라멩고 드레스를 제대로 차려 입고 머리에는 커다란 꽃들을 꽂았다. 모두가 즐거웠다.

여긴 역시 플라멩고의 나라다. 어릴 적부터 이렇듯 가까이 플라멩고를 느끼고 배우면서 다 함께 축제를 즐기는 걸 보노라니, 이 하얀 마을의 사람들이 그제야 정겹게 느껴진다. 나 홀로 동양인이지만, 함께 박수치고, 환호하고, 사진 찍고, 눈 마주칠 때마다 웃었다. 엉겁결에 끼어들었으나 그들의 축제가 나도 마냥 즐거웠다.

색색이 아름다웠다. 세상이 깨끗하고 한결같은 하얀 색으로만 되어 있지 않고 이토록 아름다운 형형색색이 존재한다는 것이 다행이다. 축제는 무르익고 나는 들썩들썩 사람 사는 소리에, 색색이 화려한 색들에 둘러싸여 점점 기운을 되찾아갔다.

50. 거친 숨소리, 허공을 가르는

플라멩고는 집시들의 춤이다.

집시들은 마을 안에서 살 수 없었고, 반듯한 직업도, 집도 가질 수 없어, 마을 밖 바위산에 동굴을 파서 모여 살았다. 집시로 태어나 집시로만 살 수밖에 없는 그들은 분했을 것이다. 그렇게 그들의 한은 세대를 거듭할수록 깊어져 갔을 것이다. 동굴에 모여 사는 한을 노래와 춤으로 분출하다가 자신들만의 작은 축제를 열게 됐고, 그렇게 그라나다의 동굴 플라멩고는 만들어졌다고 한다.

오늘은 그 동굴에서 그들의 춤과 노래를 만났다. 작은 동굴 안에서 처음 만난 우리는 마주앉아 서로 쑥스러운 듯 눈을 마주치며 공연을 기다렸다.

플라멩고가 시작되자 구슬픈 기타 반주와 함께 우리네 '창(唱)'과 같은 노래가 시작되고, 무희는 박수와 구두로 박자를 맞추어 가며 춤을 시작한다. 터져버릴 것만 같은 무희들의 춤사위가 내 눈 바로 앞에서 보인다. 거친 숨소리가 귓전을 스친다.

남자도 플라멩고를 추었다. 키가 190센티미터는 되어 보이는 댄서가 잘 빠진 양복을 입고 나타났다. 그의 플라멩고는 발레처럼 우아하고, 때론 집시들처럼, 야생마처럼 거칠고, 힘있고, 그 긴 손과 다리는 좁은 동굴을 삼켜버릴 것만 같다. 집중하는 그의 모습이, 눈빛이 너무나 좋았다. 오랜만이다. 누군가 이토록 열중하고 있는 아름다운 모습을 본 것이. 그가 턴을 하자, 그의 땀이 동굴 안에 흩뿌려진다.

사람들은 홀린 듯 박수를 친다. 사진을 찍는다. 가사를 알 수 없으나 가슴을 헤집는 노래와 함께 그들의 땀과 거친 숨소리가 동굴을 가득 메운다. 이제 동굴 속 우리는 하나가 되어 그 일체감에 신명이 났다. 그들의 한은 예술이 되었고, 이제 show가 되고 즐거움이 되었다. 매혹적인 춤을 마친 그들은 웃음과 함께, 박수 속에 무대를 떠났다.

51. 그라나다에서

안녕 지인아.

엄마는 오늘 스페인 남쪽 씨에라 네바다 산맥의

세 마을을 걸어 내려오는 하이킹을 했단다.

씨에라 네바다 산맥 중 가장 높은 곳은 3200미터래.

엄마가 다녀온 세 마을은 약 1200미터(해발)에 위치해 있다고 해.

앞에 지도에서 보면 Capilier에서 출발해서 Bubion이란 마을을 거쳐

Pampaneira란 마을에 도착했어.

여기서 엄마는 나무 오븐에 구운 토끼고기를 먹었단다. ㅎㅎㅎ

염소고기도 파는데, 염소보다는 토끼가 나을 것 같아서.

맛은? 생각보다 맛있었어. 기름기 하나 없고 쫄깃하고. ㅎㅎ

엄마는 지금 버스를 기다리며 마을 성당 앞 공터 의자에 앉아 이 편지를 쓴다.

오늘 날씨는 23도래. 매우 선선하구나.

지인이가 이번 기말시험을 잘 보겠다고 목표를 세워 엄마가 기분이 좋구나.

공부란, 목표를 세우고 매일 열심히 하다 보면 재미도 생긴단다.

지인이가 즐거운 공부로 이번 목표를 꼭 달성하길 바란다.

엄마가 여기서도 항상 응원할게. 사랑한다. 지인아.

2013. 6. 18

52. 알함브라 궁전에서 ────────

오빠에게.

오빠 저는 지금 그라나다 알함브라 궁전 앞 작은 공원에 앉아 있어요.

이틀 전 다녀왔지만, 높은 곳에 있는 궁전 근처 전망대에 가서 시내를 바라다보다가

시원하게 작은 분수도 있는 이곳으로 옮겨왔지요.

씨에라 네바다의 만년설이 바라보이는 저 궁전에는 요새와 집무실,

왕과 그 여자들만 사는 사자의 궁전, 여름 궁전,

그리고 가톨릭 시절 카를 5세가 망쳐놓은 건축물과 아름다운 정원이 있어요.

궁전 안 곳곳에는 시원한 분수가 흐르는데 놀랍게도 씨에라 네바다 산맥의 눈을 끌어다

중간에 댐을 만들고 수로를 만들어 궁전까지 끌어왔다고 하네요.

아직도 작동이 된다 하니 대단하죠?

얼음과 눈이어서 인지 정원 안 물은 아주 차갑더라고요.

가이드 덕에 '알함브라 궁전' 기타 연주를 들으며 걸으니 오빠 생각이 많이 났어요.

어제는 '알프하라'라는 씨에라 네바다 산맥의 중턱쯤 되는 곳의 세 마을을 걸었어요.

그곳은 아직 춥더라고요. 바람도 강하고. ^^

콧바람 쐬니 오늘은 덜 덥네요.

오빠 장마철 잘 지내세요.

2013. 6. 19

53. 나에게 쓰는 엽서

안녕, 시원아

네가 이 엽서를 읽을 때면, 그리웠던 가족과 함께 집에 있겠구나.

혼자서 길게 떠난 여행이 매일 새롭고 다른 세상과 공간으로 너를 데려다 주지만

넌 종종 또 다른 세상에 있더구나.

그래도 지난 한달 반 동안 참 많은 것을 했어.

요리, 그림, 역사, 언어, , 일정도 혼자서 짜고 여행도 다니고

그리스, 로마, 이슬람 유적지를 다니며 직접 보고 걷고

투명한 옥색 바다부터 울창한 숲을 가진 많은

공원, 정원들, 산길, 바닷길, 들판을 걸었지.

사진도 찍고, 본 것들, 느낀 것들을 조금씩 적어두기도 했어.

그리고 많은 사람들을 만났지.

여러 나라에서 온, 살고 있는 사람들.

그 중에는 정말 잘 통하는 사람들도 많았어.

무얼 하고 싶은지, 무얼 할 수 있을 지

어떤 것이 나를 필요로 하고 원하는 지 모르겠지만,

분명한 것은 가족들이, 수민이, 지인이 그리고 오빠가 나를 그리워한다는 것이지.

너도 그렇고.

남은 여행 잘 하길 바래.

맑은 눈으로 밝은 웃음으로 건강하게 지내자.

2013. 6. 19

안녕, 시원아

바르셀로나에서 핸드폰 잃어버리고 많이 당황했지?

그래도 가우디 탐방도 하고, 몬쩨라토도 다녀왔으니.

아, 핸드폰도 돌려받을 예정이고 말이야.

이번엔 성 파밀리아 성당이 가장 좋았어.

2025년 완공 목표로 열심히 짓고 있다고 하니, 그때 다시 와보자.

정말 아름다울 거야.

그 때엔 혼자 말고 가족과 함께 오는 거야.

그럼 2025년까지 건강하고 즐거운 인생을 즐기렴.

2013. 6. 27

54. 몬세라토에서

오빠, 잘 지내고 계시죠?

무더운 여름인가요? 장마로 축축하고 눅눅한가요?

여름나기용으로 설경이 시원하고 아름다운 몬쎄라토 엽서를 골랐어요.

오늘은 아침 일찍 일어나 바르셀로나에서 한 시간 넘게 기차 타고 가면 있는

바위산 속 수도원 몬쎄라토에 다녀왔어요.

소년합창단 노래도 듣고 푸니쿨라 타고

바위산 위쪽에 올라가 한 시간 넘게 하이킹도 했어요.

하늘 가까운 그곳에선 잠시 비가 내리다 해가 떴는데

아래 마을로 옮겨간 구름이 비를 쏟고 천둥을 치는 모습을 지켜봤어요. 신기했어요.

모든 것이 나의 발 아래서 이루어지고 있고, 난 그걸 지켜보고 있고요.

어제 오늘 이틀은 가우디 투어에서 만난 마흔 한 살, 얼마 전 직장을 그만 두고

3개월 배낭여행 온 여자 엔지니어와 계속 동행했어요.

연구소 얘기도 듣고, 무대책인 그 친구의 여행 일정에서 맛집 소개도 해주고.

스페인에서는 혼자 여행 온 직장/퇴직 여자들을 많이 만나고 있어요.

여자들이 좋아할법한 매력이 많은 나라인가 봐요. 음, 그런데 오빠도 좋아할 것 같아요.

도회적이고 여러 문화가 섞여 있어 다양한 매력이 있고….

그런데 저는 피렌체로 떠나는 일요일이 기다려져요.

피렌체를 떠나온 후 참으로 고되고 빡빡한 일정이었어요.

오늘 오후에 바르셀로나로 돌아오는

기차에서는 발은 부서질 거 같고 피곤이 쏟아졌어요.

여행은 종종 고단하네요.

오빠랑 수민이 지인이 모두 보고 싶네요.

장마철 건강 조심하고 '행복한 부녀지간' 즐거운 하루하루 만드세요.

2013. 6. 21

55. 구엘공원에서

안녕! 귀여운 우리 지인이!

엄마는 어제 뽀로통한 지인이와 통화하고 내내 지인이가 생각이 나는구나.

엄마가 집을 오래 비워 지인이가 서운했나 보다.

지인아, 이 엽서 예쁘지?

여긴 바르셀로나의 유명한 건축가 가우디가 만든 구엘공원이란다.

양쪽의 집이 공원의 문지기 집이었고,

아래 보이는 예쁜 타일은 공중에 있는 커다란 공원의 의자란다.

지인이가 좋아할 것 같은 동화 속 예쁜 집이지?

엄마는 지인이를 항상 생각하고 있고 사랑한단다.

언제나 밝게 웃으렴. 지인이는 웃는 게 참 예쁘거든.

2013. 6. 26

56. 바르셀로나에서

오빠! 잘 지내요?

열기가 가득한 이 축구장에 가보지 못했지만,

사진도 축구에 대한 사랑도 멋진 것 같아서 오빠에겐 축구 엽서 보내드립니다.

바르셀로나가 속한 까딸루니아 지역은 프랑스랑 언어가 비슷하다고 해요.

온 도시 집집에 상가 곳곳에 까딸루니아 깃발을 꼽고 있고 언어도 다르니

이들의 독립의지가 많이 느껴져요.

축구장에서는 '메시 메르씨'라고 외친대요. '메시 고마워'죠.

우리나라도 그렇지만 중앙집권형 국가에 대한 충성과 사랑이

언제나 선이고 정답은 아닌 거 같아요.

우리 가정도 그렇겠죠?

아이들에게 무조건 사랑과 관심을 받지 못한다고 투정부리지 말아야겠어요.

어느 새 두 달이 훌쩍 지나갔어요.

조금만 있으면 우리 만날 수 있겠어요.

그때까지 안녕!

2013. 6. 27

안녕, 예쁜 큰 딸 수민아!
장마, 기말고사, 무더운 여름 나기를 잘 치르고, 지내고 있는지 궁금하구나.
엄마는 이제 피렌체로 다시 돌아왔지만,
스페인 바르셀로나에서 산 예쁜 엽서로 글을 쓴다.
저 골목은 중세 고딕지구로 가는 골목인데,
햇살 속에서 걸어 나오는 아이가 엄마에겐
수민이를 꼭 닮은 듯 보여 이 엽서를 골랐어.
몇 년 뒤, 수민이가 스무 살이 넘으면
언젠가 저렇게 배낭을 메고 여기 바르셀로나 골목을 걷고 있지 않을까?
세상은 아주 넓고 새롭고 다른 것들이 아주 많단다.
수민이는 분명 힘차고 즐겁게 세상을 살아낼 거라 믿어.
그날까지 엄마는 언제나 수민이를 응원할게.

2013. 6. 27

내게 너무
특별한 그녀

57. 로마의 휴일

그녀가 내게로 온다. 한번도 입지 않았던 새로 산 원피스를 꺼내 입고, 귀걸이도 하고, 스카프도 두르고, 머리엔 그루프도 말아 컬을 살리고. 깨끗하고 단정한 모습으로 밝게 미소 지으며 그녀를 기다린다. 비행기는 연착되고 예정보다 두 시간이 지난 뒤에야 그녀가 나타났다. 오늘의 주인공이 등장했다! 생애 처음의 국제선 단독 여행에 긴장하였던 걸까, 많이 피곤해 보였다. 하지만 씩씩하게 게이트 앞에 나타나셨다. 너무 반가웠다. 내 마음은 펄쩍펄쩍 뛰었다.

진취적이고 호기심도 많은 그녀는, 장시간의 비행을 막 끝낸 첫날의 여행에서, 혈기왕성한 배낭여행 대학생도 나가떨어진다는 그 힘들다는 바티칸 투어를 너끈히 마쳤다. 그뿐인가. 로마 3대 젤라또 가게 앞에 늘어선 긴 줄을 마다 않고 서서, 누구보다도 큰 아이스크림을 주문하고는 행복해 한다. 레몬, 코코아, 베리, 망고, 카페… 여행이 주는 상큼 달콤 새콤한 맛을 그녀와 함께 즐기고 싶다.

58. 베로나에서의 꽃 잠 ──────

로미오와 줄리엣의 도시, 로맨틱 시티 베로나에 왔다.

줄리엣의 발코니엔 사랑을 바라는 여인들이 서성거리고, 그 아래 정원에는 영원한 로맨스를 기약하는 핑크빛 자물쇠들로 가득하다. 그녀는 줄리엣 동상 앞에서 포즈를 취하고, 수많은 사람들의 만지작거림으로 밝게 빛나는 봉긋한 그 곳에 자신의 손을 올리며 호방하게 웃는다.

그녀와 함께 한여름 밤의 오페라를 보러 아레나로 향한다. 아홉 시를 넘겼어도 한낮의 태양에 달구어진 대리석제 관람석은 여전히 따뜻하다. 마치 온돌방 같다. 오늘의 레퍼토리는 비극 '라 트라비아타'. 공연 전에는 화려한 드레스와 양복으로 성장을 한 배우같이 멋진 관객들을 구경하느라 즐겁다. 드디어 공연을 시작을 알리는 징 소리! 친근한 그 소리에 마음이 푸근해진다.

그런데, 아, 뿔, 사! 그녀가 아직 시차를 완전히 이겨내지 못한 상태라는 걸 잊고 있었다. 그날 새벽에도 네 시에 일어나 책을 읽고 종일 동안의 여행을 마친 뒤라는 걸 간과했다. 그녀에게 따뜻한 대리석 온돌방과 살랑거리는 밤바람, 그리고 구슬픈 듯 멋진 목소리는 '자장 자장'의 세레나데였으리라. 결국 3막에 이르러서는 하늘을 이불 삼아, 지상 최고의 클래스의 소프라노 아리아 환상 자장가를 들으며, 너무나도 달콤한 잠에 빠져드셨다. 그녀의 상태를 세심히 배려하지 못하고 일정을 정한 내가 미안했다. 그런데 호탕한 그녀, 푹 자고 일어나선 피날레에서 누구보다 크게 박수를 치고, 또 한번 호방하게 웃었다. 특별했던 베로나의 한여름 밤은 그렇게 지나갔다.

— Verona

59. 엄마가 뿔났다

베니스의 작렬하는 태양 아래서 온몸이 녹아내리다 정신마저 놓아버린 걸까? 여행 중 이런저런 걱정과 잔소리가 많아진 그녀에게, 못된 뿐새로 말대꾸를 했다. 아차차. 그녀, 아무 말이 없지만 뿔이 났다. 미로 같은 복잡한 골목길을 저만치 혼자 걸어간다. 잠깐 사이 놓칠세라 거리를 유지하며 계속 따라다니면서 나도 속상하다.

여행이 길어지다 보니 나도 모르게 삐죽 빼죽 모난 마음이 드러나는가 보다. 마흔을 훌쩍 넘기고서도 여전히 철없는 아이인가보다, 나란 사람은.

오늘은 정말 더웠다.

- Venecia

60. 한여름 밤의 음악회

아씨시, 성 프란치스코의 혼이 담긴 곳!

그녀와 난 수녀원에서 운영하는 호텔에서 하룻밤을 묵었다. 정갈한 방이었다. 단아한 도시의 정갈한 방이라니, 다른 곳도 아닌 이곳 이탈리아에서! 그녀는 운이 좋다. 작은 창을 여니 발 아래 아씨시 전경이 보이고, 움브리아의 평원이 펼쳐져 있다. 소박한 가운데서 왠지 모를 경건함이 배어 나오는 풍경이다.

저녁 산책길에 우연히 노랫소리에 이끌려 들어간 음악당에서는 '한여름 밤의 음악회'가 펼쳐지고 있었다. 보아하니 마을의 합창발표회인 것 같았다. 80대 할머니 할아버지와 배 나온 중년 아줌마 아저씨, 잘생긴 이태리 청년들, 그리고 앳된 소녀와 귀여운 아이들까지. 서른 명 남짓한 규모의 합창단이다. 이 작은 동네에서 참 많은 사람들이 모였구나.

그들은 오랜 기간 연습을 한 듯, 지휘에 맞추어 열 곡이 넘는 레퍼토리를 선보였다. 화음이 아슬아슬해 불안한 대목도 있었고, 멋지게 어우러져 큰 박수를 받는 부분도 있었다. 왕년에 오페라 가수셨다는 최고령 흑인 할아버지는 감동적인 아리아로 관객들의 큰 박수와 환호성을 받으셨다. 지나가던 관광객, 동네 사람들 모두 한데 어울려 마을 합창단의 여름 발표회는 성황리에 끝이 났다.

숙소로 돌아오는 길 다시 들른 프란치스코 성당은 어둠 속에 하얗게 빛나고 있었다. 마치 우리의 마지막 여정에 등불을 밝혀주려는 듯이.

로마, 베로나, 베네치아, 피렌체 그리고 아씨시.

그녀와 함께 여행한 도시들이다.

그녀는 아씨시를 조금 더 마음에 들어 하는 눈치였다.

나도 이 곳에서 가장 마음이 평온해졌다.

- Assisi

이탈리아 Again

61. 오르비에또에서

안녕! 오빠

오늘은 칠월이 시작되는 첫날, 그리고 월요일.

로마는 대부분 문을 닫는다 하여 기차에 몸을 싣고 여기 다시 왔어요.

아마도 2년 전일 거예요. 출장 왔다가 여기 온 것이.

이 곳에서 정말 잊을 수 없는 맛난 점심을 먹고, 골목골목 산책을 하다가 돌아왔었죠.

지금은 두오모가 보이는 광장 앞 예쁜 에스테가에서

화이트 와인 한잔 시켜놓고 글을 씁니다.

오늘은 근처 '치비타'라는 마을에 다녀올 겁니다.

그곳에서 다시, 정말 맛있는 식사에 도전할 거예요. ^^

지난 두 달 하고 싶은 거 다 해보며 지내는 시간이 새삼 고맙습니다.

오빠의 믿음과 지원으로 가능했겠죠?

그리고 저의 내닫는 마음, 무모함, 아이들의 고통 분담….

언젠가 우리 모두 이곳에 와서 세상 최고의 Slow Food로

맛난 점심을 함께 하면 좋겠네요.

달콤한 화이트 와인과 함께요.

2013. 7. 1

62. 천공의 성 라퓨타

2,500년 전 에트루리아인들이 만든 언덕 위 성채 도시 치비따(Civita). 한 때 번성하였으나 버려진 채로 수백 년을 보냈다. 그리고 사람들이 다시 돌아왔다. 이제는 세계 곳곳에서 마을을 구경하러 온다. 수천 년 전, 수백 년 전의 옛날로 연결된 다리를 건너기 전에 하늘에 떠 있는 성 치비타를 보면서 묘한 기분에 사로잡힌다.

발 아래 새들은 사방에서 지저귀고, 색색이 꽃들은 지천으로 널렸고,
초록 잎과 꽃들의 향기는 바람을 타고 감미롭게 날아든다.
저 황색 성채로 다가가려니 왠지 이대로 사차원의 공간으로 빠져들 것 같은 기분이다.

그런데, 정작 성 안에서 내가 만난 것은 작은 마을광장 앞의 더 작고 예쁜 식당. 나를 둥실 띄워주는 티라미수 케이크와 달큼한 화이트 와인에 취해 작은 마을을 하릴없이 걸어 다녔다. 천공의 성 '라퓨타'를 닮은 이곳 어디선가 라나와 코난이 나타날 것만 같다.
비밀을 알고 있을 것 같은 고양이들은 시침 떼며 하품만 해대고,
한 낮의 햇살도 꽃잎 사이에서 졸고 있고.
난 라나와 코난을 닮은 내 아이들에게 엽서를 쓴다.

다리를 다시 건너 시골 버스를 타고 꼬불꼬불 들판을 가로질러,
시골역에서 한참을 기다려 국철을 타고 천천히, 그리고 느릿느릿 로마로 돌아왔다.

— Civita Di Bagnoregio

63. 치비따에서

안녕! 엄마가 아주 많이 사랑하는 수민아,
엄마는 지금 "천공의 성 라퓨타"의 배경이 되었다고 치비따란 마을에 와 있단다.
이탈리아에는 여기 치비따처럼 아주 높은 언덕 위에 도시를,
마을을 건설해서 적들의 침입에도 강하고,
중세 말 유럽을 파괴한 페스트란 무서운 전염병에도
안전했다고 전해지는 곳이 많단다.
엄마가 아주 좋아하는 마을들이야.

엄마 생각엔 수민이는 천공의 성 라퓨타의 '라라'를 닮은 거 같아.
지금은 좌충우돌 사춘기 여중생이지만,
수민이는 아가일 적부터 왠지 모를 차분함과 선한 마음, 신비한 느낌이 있었어.
엄마가 너를 재울 때, 너의 커다란 눈 속 엄마 얼굴이 비쳐 보이는 검은 눈동자가,
나를 빤히 바라보던 그 눈빛을 잊을 수가 없구나.
엄마도 수민이도 지금은 잘 모르지만, 수민이는 분명 이 세상에서 정말 필요로 하는
그리고 선한 기운을 뿜어내는 '라나'같은 아가씨가 될 것은 분명해.
수민이의 밝고 건강한 미래를 기원할게. 언제나~

2013. 7. 1

※ 실제 '천공의 성 라퓨타'의 주인공은 파즈와 시타이다.
라나와 코난, 포비는 '미래소년 코난'의 등장인물이다.

안녕! 사랑스럽고 진짜 진짜 귀여운 지인아!

여기 'Civita'는 지인이가 좋아하는

코난과 라나의 '천공의성 라퓨타'의 배경이 되었던 마을이래. 정말로 비슷하지 않니?

저기 배경에 보이는 주변 하얀 산은 눈이 온 것이 아니고 돌 산인데,

그 돌들과 바위가 하얀 거야.

엄마가 지인이를 떠올리면 지인이는 왠지 코난같고, 또 때론 포비같기도 해.

개구지고, 힘 세고, 착하고 올곧고.

그래서 세상을 구해낼 수 있는 엄청난 힘을 가진 아이!

어젯밤 엄마는 아주 오랜만에 수민이 아빠 그리고 지인이랑 오래도록 통화를 했단다.

참으로 즐거웠다.

지인이가 과학 수행평가를 백 점 맞았다고 하니

너의 노력과 더 나아지고 있음에 감사하고 한편 응원하는 마음이 크다.

예쁘고 귀여운 지인이는 엄마의 기쁨이자 삶의 기둥이기도 해.

언젠가는 분명 이 세상에도 큰 힘이 되는 코난과 포비같은 사람이 될 거라고 믿어.

지인이의 밝고 즐겁고 활기찬 미래를 기원할게.

2013. 7. 1

64. 영광의 팔리오 – 시에나2

한 해에 두 번, 7월과 8월의 여름 밤, 시에나의 캄포 광장에서 열리는 말들의 경주, 팔리오 (Corso di Palio)! 팔리오를 보기 위하여 새벽같이 일어나 로마 시외버스 터미널에서 두 시간 반을 달려왔다. 지난 5월 시에나를 찾았을 때 인솔하시던 선생님께서 말씀하셨다. 시에나를 알려면 팔리오를 보라고. 피렌체 사람이지만, 팔리오는 부러워하는 눈치였다. 열정과 흥분의 축제, 피렌체 사람들조차 부러워하는 팔리오는 과연 어떤 것인지 나도 알고 싶었다.

14세기부터 시작되어 600년의 전통을 가진 팔리오는 시에나의 17개 콘트라다(우리 행정 구역으로는 "구"에 해당) 중 추첨을 거친 10개 팀이 참가한다. 여기서 '팔리오(Palio)'는 대회의 휘장을 말하며, 경주를 마친 뒤 우승팀이 갖는다. 직전 해의 우승팀은 유명한 예술가들에게 의뢰해 새로운 팔리오를 만든 뒤 올해의 대회를 위해 내어 놓는다. 경기 방식은 간단한데, 캄포 광장을 둘러싼 트랙을 세 바퀴 달려 우승팀을 가리는 게 전부다. 이토록 '단순한' 경주를 위해 콘트라다의 주민들은 전략을 짜며 일년을 준비한다. 1등은 큰 영광이지만, 2등은 꼴등과 같은 취급을 받기 때문에 차라리 3, 4등을 선호한단다. 또, 경쟁 콘트라다가 2등을 하면 내가 1등한만큼 즐겁고 고소한 일이라고도 한다. 아쉽게 1등을 놓친 팀에게 우승에 대한 갈망을 심어주기 위함일까? 이탈리아 사람들의 사고방식이 정말 재미있다.

당일 아침, 광장에서는 경주 리허설이 벌어지고, 거리는 종일 축제 분위기다. 콘트라다 별로 문장이 새겨진 깃발을 든 사람들이 시내를 무리 지어 행진한다. 중세 느낌이 물씬한 좁은 골목은 사람들로 가득하고 꼬리에 꼬리를 물고 콘트라다 가장 행렬이 이어진다. 선두의 사람들은 콘트라다를 상징하는 깃발을 들고, 나팔을 불고, 북을 치고, 말을 타고, 전통 의상을 입고, 갑옷과 투구를 걸치고 행진한다. 그 뒤로는 해당 콘트라다의 남녀노소 모두가 문장이 새겨진 색색이 스카프를 메고, 티셔츠를 입고, 노래를 부르며 따른다. 콘트라다 별로 문장도, 색깔도, 디자인도, 노래도 다 다르다. 하나가 지나가면 새로운 콘트라다 행렬이 다가와 깃발 던지기도 하고, 노래도 부른다. 시에나의 주민들은 즐겁고 놀러 온 구경꾼들도 흥겹다.

시간이 갈수록 열기는 더해진다. 경주 시간이 가까워지면서 광장으로 들어가는 길은 사람들로 강을 이루고 그 강은 캄포 광장으로 사람들을 쏟아 붓는다. 마침내 광장 출입로가 닫히고, 사람들은 더욱 흥분한다. 광장 주변 건물의 테라스, 지붕, 트랙 주변의 간이무대에는 특별한 값으로 팔린 특별한 관람석이 마련되어 있고 특별한 사람들로 빼곡하다. 오직 하늘로 향하는 길만 열려있을 뿐 사방은 모두 사람들로 가득하다. 광장 중앙에 서 있자니 기대와 호기심으로 흥분된다. 절로 함성이 터져 나온다.

색색이 화려한 열 개의 콘트라다 행렬은 휘장을 앞세우며 광장에 들어서 트랙을 한 바퀴 돌며 마지막 행진을 한다. 마침내 말과 기수가 등장한다. 경주의 주인공들이다. 사람들의 흥분은 최고조에 달한 듯, 너나 할 것 없이 소리 지르고, 발을 구르고 박수를 친다. 출발 지점에 말들이 모이고 기수들 간의 신경전이 시작된다. 말이 흥분한다. 기수들도 긴장한다. 공평한 동시 출발을 위한 출발점 정렬에 무려 한 시간이 더 걸렸다. 계속 흥분해왔던 사람들이 집중력을 잃어가려던 차, 갑자기 "땅!"하고 출발을 알리는 소리가 광장을 울린다.

말들이 일제히 달리기 시작한다. 사람들은 트랙을 달리는 말들의 움직임을 따라 일제히 목을 길게 빼고 발을 구르고 소리지르며 응원을 시작한다. 광장 전체는 흥분과 열광의 도가니! 기수와 말들은 뿌연 먼지를 일으키며 다가와 순식간에 눈앞에서 사라져간다. 말발굽 소리는 광기 어린 사람들의 함성 속에서도 선명하게 들린다. 선두를 다투던 기수 몇 명이 말 위에서 떨어져도 경주는 계속 된다. 와! 와! 사람들은 각자 응원하는 팀을 부르며 소리지른다. 눈 깜짝할 사이 세 바퀴 경주는 끝났다. 초록 옷의 기수와 백마가 우승을 차지했다. 기록은 1분 20초! 승리를 얻지 못한 콘트라다의 사람들은 안타까움에 절로 신음소리를 내고 하늘을 향해 절규한다. 이들 사이를 헤치고 초록색깔의 콘트라다 사람들이 트랙으로 뛰어든다. 올해의 우승 팀이다. 모두가 부러워한다.

너무 짧다. 아쉽지만 해산이다. 서둘러 돌아가려는 사람들과 흥분한 시에나 사람들로 광장 주위의 좁은 길들은 인산인해! 어느 틈에 골목길엔 승리를 거둔 초록빛 콘트라다 사람들의 물결이다.

기쁨과 웃음, 흥분, 그리고 노랫소리와 나팔소리, 북소리가 울려 퍼진다. 그들에게는 오늘 밤, 최고의 축제가 기다리고 있다. 내일 아침 그들의 콘트라다 거리거리엔 우승의 팔리오가 내걸릴 것이다.

영광의 팔리오! 영광의 거리! 영광의 콘트라다!

65. 바티칸에서

안녕 오빠. 난 지금 이태리 안의 또 하나의 국가 바티칸에 와 있어요.
예전 오빠와 함께 걸었던,
함께 보았던 시스티나 성당과 베드로 성당도 다시 보고
오늘은 그 또 하나의 나라에서 부칠 엽서를 쓰고 있지요.
오빠에게 보낼 엽서의 주제는 '신이 창조물인 아담에게
생기를 불어 넣어주는 순간'이에요.
오빠와 내가 서로의 삶에 생기를, 활기를 주는 사이가 되었으면,
그래서 함께 창조해가는 우리 삶이 복되고 사랑으로 충만할 수 있기를 바래요.
혹 우리가 마음이 흔들려도 아담과 이브처럼
언제나 모든 것을 함께 할 수 있기를 바래요.

2013. 7. 4

안녕! 엄마의 사랑스럽고 사랑스러운 큰 딸, 박수민. 잘 지내고 있지?

엄마는 지금 교황님이 사는 이태리 로마 안의 또 하나의 나라, 바티칸에 와 있어.

세상에서 가장 작은 나라, 그 안의 세상에서 가장 크고 아름다운 성당.

성 베드로 성당 앞 우체국에서 수민이에게 편지를 쓰고 있는 중이야.

이 엽서엔 세 명의 아가, 그 중 두 명은 천사인데, 바티칸 안에 있는 그림 중 하나야.

이 세 명의 아가, 천사 그림은 앞에 걸어두고 바라보고 있으면

신기하게도 마음이 평화로워지고 스트레스도 사라진대.

그러니 수민이도 이 엽서는 가장 잘 보이는 곳에 두고 자주 자주 보도록 해요.

그러면 사랑스런 천사들이 사랑하는 수민이를 '평화'로 인도해줄 거야.

2013. 7. 4

66. 바티칸에서

안녕! 예쁘고 사랑스럽고 활기 넘치는 우리 막내딸 지인아
엄마는 교황님이 사는 나라 바티칸에서 지인이에게 엽서를 쓰고 있어.
엽서의 주인공은 안젤로라고 비올라는 연주하고 있는데,
이 그림을 보는 순간. 엄마는 바로 지인이가 떠올랐어.
외할머니도 지인이와 닮았대요.
지인이가 보기엔 어떠니?
나중에 지인이가 바티칸에 오게 되면 꼭 찾아보렴.
밝고 동그란 얼굴에 동그란 눈, 그리고 환한 느낌을 가진 아이! .
지인이가 그 밝음과 환한 마음을 언제나 잃지 않고 간직하길 바랄게.
그리고 엄마가 언제나 지인이를 사랑하는 것을 기억하렴.

2013. 7. 4

67. 바람의 섬 - 리도

리도 섬은 고요하다. 아드리아해를 바라보고 있어서일까? 아스라한 느낌이다. 그래서 이국적이다. 사람들로 넘치는 베네치아 중심지와는 달리 꿈결 속을 걷는 느낌이다.

처음 그와 함께 내가 리도를 찾았을 때는 오월이었다. 바닷가는 금방 눈에 뜨였지만, 우린 거침없이 바라볼 수 있는 바다와 제대로 걸을 수 있는 모래를 찾아 어느 호텔 소유의 해변으로 들어가야만 했다. 호텔 앞 바다에 떠 있는 선착장 끝까지 걸어나가 나란히 바다를 향해 앉았다. 시처럼 아름다운 순간이었다. 눈 앞의 아드리아 바다는 아득한 수평선을 만들고 바람은 세차게 불었다. 바람소리는 파도소리와 함께 윙윙, 철썩 소리를 내며 종종 방향을 바꾸다가 내 귓가에 와서 무언가 소리쳐 비밀을 털어놓는 듯 했다. 그땐 그 소리를 해독할 수 없었다.

이른 봄 혼자 찾아간 리도 섬은 인적이 드물었다. 다시 찾아간 바닷가는 끔찍했다. 사람이 없는 해변은 파헤쳐지고, 모래를 새로 덮느라 온갖 중장비들이 바쁘게 움직이고 있었다. 불행 중 다행이라더니 우리가 함께 앉았던 호텔 앞 해변은 그대로였다. 그 선착장 끝으로 다시 걸어갔다. 바다에 떠 있는 그 곳은 여전히 바람 소리, 파도 소리만 가득했다. 잠시 누워 하늘을 보았다. 고개를 돌리니 바다가 보였다. 온통 파란 것들만 바라보고 귀 기울였다. 그리고 그 소리들 속으로 나의 비밀을 말했다. 바람은 비밀을 흩트려 놓았고 파도는 고이 삼켜주었다.

일 년여 만에 엄마와 함께 여름의 리도를 다시 찾았다. 해변은 수영하는 사람들로 활기차고, 가게들은 사람들로 흥이 넘친다. 아스라한 수평선과 바람은 여전했다. 이번엔 저기 아래로 선착장이 내려다 보이는 호텔 테라스에 앉아 카푸치노를 마셨다. 바람은 종종 찻잔 안까지 찾아와 작은 파문을 일으켰다. 엄마와 함께 두런두런 얘기를 나눴다. 무슨 얘기였더라? 아마 엄마에게 여기에 가족과 함께 와보고 싶었다는 얘기를 했던 것 같다. 시원한 바다 바람이 불어와 베네치아 땡볕에 익어 확확거리는 살갗을 달래주었다. 카푸치노도 부드럽고 달콤했다.

이제는 더 이상 비밀이 없다. 눈부시게 환한, 뜨거운 태양 아래 비밀은 사라지고, 바람도 파도도 나에게 털어놓지 않는다. 모든 것이 투명해지고 명쾌해지고 분명해졌다. 나는 이제 온전히 받아들인다.

68. 성당에서 ───────────────────

종교를 가질 수 있을까.

낮게 읊조리는 신부님 목소리.
울림이 깊은 파이프 오르간 소리.
마음을 흔드는 성가.
신심으로 하나하나 그리고 조각하고 건축했을 아름다운 성당.
베니스의 영광과 흥망을 지켜봤을 이 곳.

모든 잘못을 고백하고, 그를 믿기만 하면 죄를 용서받는 약속….
왠지 쉽다. 그래서 더욱 투항하기 어려운 시스템.
받아들이기가 두렵다.

그러나, 그러나… 여기에선 정말 믿고 싶어진다.

69. 커피에 대한 취향

이탈리아에서 커피는 곧 '에스프레소'다.

모국에서의 난 '다방 커피'를 으뜸으로 좋아했고, 그 다음은 캬라멜 마끼아또였다. 물론
휘핑크림이 듬뿍 얹혀진. 그렇다. 나는 단 걸 좋아한다. 그런 내가 커피라면 에스프레소
와 카푸치노, 그리고 '그냥' 마끼아또만이 존재하는 피렌체에서 무려 한 달간 머물렀고,
그러는 동안 커피에 대한 새로운 취향을 갖게 됐다.

이제 나는 '다방 커피'를 마시지 않는다. 원두 커피를 마신다.
가끔 거기서의 '그 커피'가 그립다. 허나 그 진하디 진한 에스프레소가 그리운 건 아니다.
다만, 커피를 마시던 사람들, 그들과 함께 머물렀던 시간과 그 공간이 그리운 것이다.

– 자스미나의 집

피렌체 도착한 첫 날 아침, 일어난 나를 반긴 건 식탁에 차려진 차와 커피다. 조금은 복잡하게 생긴, 커피 메이커가 분명해 보이는 녀석이 스토브 위에 올려져 있었다. 요로코롬 생긴 커피 메이커의 사용법을 몰라 세 번의 실패 끝에 결국 주인장에게 그 방법을 물었다.

너 커피(에스프레소)를 좋아해?
으.. 응.
설탕은 넣어 마셔?
응, 많이.
나랑 레오는 블랙이 좋아.

까만 눈동자의 그녀는 친절하게 가르쳐주었다.

맨 아래 칸에 물을 넣되 꽉 채우지 말고 8할 정도, 그리고 중간 칸에는 커피를 꾹꾹 담아주고, 절대 세지 않은 불에 올려놓고, 불꽃이 메이커 옆으로 높이 올라오지 않게, 물이 끓어 올라 넘치지 않게 지켜봐 준다. 이내 진하고 강렬한 향기가 올라올 거야.

그런 살핌이 있은 후에야 강렬하고 깊은 맛의 에스프레소를 마실 수 있는 것이다.

그 집엔 앙증맞은 에스프레소 잔이 많았다. 금테 두른 은색 커플 잔, 그림이 멋진 잔, 디자인이 특이한 잔, 이가 나간 잔, 손잡이가 깨진 잔, …. 멋진 잔과 낡은 잔들이 한데 섞여있었다. 마실 때마다 맘에 드는 걸로 골라 커피를 따랐다. 설탕은 원하는 만큼. 물론 난 한 스푼 가득. 그렇게 배운 가정식 에스프레소는 피렌체에서의 5월 한달 동안 아침 친구가 되어 주었다. 때론 내가 끓여놓은 커피를 주인장들이 나와 마시기도 했고. 우리는 잠이 덜 깬 채로 커피를 찾아 부엌으로 나와 아침을 맞이하곤 하였다.

아침은 커피 한잔에 비로소 시작되었다.

- Cafe Gilli

피렌체 리퍼블릭 광장은 로마 시대 건설된 도시의 시작이자 중심지였다.
그 광장을 기점으로 사방으로 주요 도로가 만들어졌는데, 카페 질리는 바로 Via Roma 1번지를 주소지로 가지고 있다. Cafe Gilli는 1733년부터 거기 있었다 한다.

커피 역사만큼이나 긴 전통과 고풍스런 분위기의 이 카페는 광장 앞 테이블에 앉아 주문을 하면 깜짝 놀랄 만큼 비싸지만, 아침에 바에 들러 에스프레소나 마끼아또 한 잔을 마시기엔 1.5유로면 충분하다.

바 안쪽엔 나이 지긋한 신사 바리스타 두 분이 있다.
나비 넥타이에 검정 조끼를 갖추어 입은 은발의 바리스타 아저씨는 쉼 없이 커피를 만들고, 좀 더 젊은 분은 주문서를 받고 잔과 재료를 준비하고, 바 테이블을 치운다.
커피를 기다리는 동안 지켜 봐도 그 분들은 1초도 쉴 틈 없이 끊임없이 움직이고 있다는 걸 알 수 있다. 굉장한 노동 강도에 집중력이다.
그래도 커피를 바 위에 올려놓고 손님에게 전해 줄 때면 눈맞춤을 잊지 않는다.
주문한 커피가 맞는 지도 확인한다.
가끔은 아침 인사도 건넨다. Buon giorno, Signora!

- Storizzi Palace

피렌체에서는 하루 종일 걷게 된다.

그렇게 걷다 보면 시원한 그늘 진 곳에서, 커피 한 잔 마시면서, 인터넷과 연결하여 잠시 다른 세상과 연결해보고 싶어진다. 그럴 땐, Strozzi Palace에 간다.
정사각형 다부진 궁전 중앙에는 시원한 중정이 있고, 그 중정에는 박물관, 카페, 작은 책방, 화장실이 있고, 중정 마당 의자에 앉아 무료로 와이파이도 사용할 수 있다.
에스프레소 한 잔 1 유로. 놀라운 가격이다. 카푸치노도 마끼아또도 샐러드도 모두 맛있고 값싸다. 커피 한 잔에 맘 편하게 소파에 앉아 책을 읽거나 여행 일정을 점검하거나, 멍하니 중정 위 하늘을 올려다 볼 수도 있다.

한 여름 다시 들린 피렌체에서는 매일 이곳을 들렀다. 더운 여름 오후에 갑자기 내리는 소나기를 피하거나, 정오의 더위를 피하거나. 너무 걸어 지친 발이 아파 앉아 쉬고 싶을 때. 또 여름 밤 격조 있는 음악 공연을 즐기고 싶을 때 이곳에 들리면 무료로 콘서트나 댄스 공연도 볼 수 있는 행운을 만나기도 한다. 이보다 더 좋은 궁전이 없다. 이보다 더 편한 쉼터가 없다.

소슬한 가을 바람이 불어오는 요즘 부쩍 에스프레소가 생각난다.
에스프레소 한 잔에 크로아상 하나, 그리고 느리고 긴 산책이 있는 아침이 그리워진다.

70. 오늘 피렌체를 떠나왔다

두오모의 코폴로, 산 스피리또 광장 앞의 청량한 분수대, 스또리찌 궁전의 안마당, 피티 궁전 앞 길, 우피치의 회랑, 쉬크한 커플 '레오와 자스미나', 해저물녘 아르노 강가의 시원한 바람, 골목골목 알아 둔 맛있는 식당들, 자그마한 몇몇 단골가게들, 아침부터 종일 시간이 되면 들려오는 아름다운 성당 종소리……

모두 정겹다. 모든 일정을 작파하고, 5월처럼 지내고 싶은 유혹에 강하게 사로잡혔다. 그러나, 나는 떠나왔다. Bella Ciao!

71. 미술관을 좋아하는 이유 ─────────────

미술관을 좋아하는 이유는 많다.
미술관이 있는 동네가 맘에 들거나
미술관에서의 전망이 좋거나
미술관이 인상적인 건축물이거나
명불허전 명화가 정말 환상적이었거나
미술관 카페의 커피 향이 좋거나,
미술관 기념품 가게에서 맘에 드는 도록이나 엽서를 구했거나
미술관 마당 나무 아래 바람 소리가 좋았거나...
그리고 나만의 세렌디피티를 만났거나.

미술관 전시실에 들어서면, 바깥과는 전혀 다른 세상이 펼쳐진다.

미술관에서 사람들은 속삭이고 소곤거린다. 발자국 소리조차 희미하게 들린다.
때론 모든 것이 비어있는 듯, 고요한 순간을 맞닥뜨리기도 하는데,
이내 새로운 소리에 정적은 깨진다.
알지 못하는 타국의 언어들이 뒤섞인다, 소곤소곤 속닥속닥 웅성웅성 스쳐 지나간다.

소리들은 높은 천정이 만든 울림과 어우러져 나지막한 배경 음이 된다.
난 낮게 깔리는 그 웅성거림 속에서 엄마 가슴에 귀를 댄 아이마냥 편안함을 느낀다.

미술관에서 그림들은, 하나하나 제각각 자기만의 세상이다.
때로 그 세상들은 서로 너무도 이질적이어서 그림 사이, 세상 사이를 옮겨 가는데
시간과 공간이 필요하다.

그래서 난 느리게 걸어서 그림과 그림 사이를, 세상 사이를 옮겨 간다.

미술관에 가면 그 많은 훌륭한 것들 가운데서 유독 눈길을 끌고
마음을 사로잡는 작품을 만날 때가 있다.
처음 보는 그림인데도, 알지 못했던 작가인데도 지나가는 나를 멈추게 하고, 돌아보게 하
고, 계속 바라보게 한다. 나를 끌어 당겨 놓아주지 않는다.
그 끌림은 기대하지 않았던 우연한 만남이기에 늘 신선하고 강렬하다.

미술관을 떠나기 전,
그 날의 세렌디피티(Serendipity)에게 다시 돌아가 오래도록 그 앞에 서 있는다.
언제 다시 만날 수 있겠는가?
지금 이 뜻밖의 만남을 즐기고 그 여운을 고이고이 오래 간직할 수밖에.

72. 로마를 답파하다

감기 걸린 채 열흘 간의 행군, 핸드폰 없이 3주.

이제 나의 여행은 2주 정도 남았다.

감기는 한참 더 앓아야 할 것 같고

사라졌다 나타난 핸드폰은 바르셀로나 경찰서 안에 기약 없이 머무를 태세다.

여행이 막바지를 향할수록 가고 싶은 곳, 하고 싶은 일이 많아진다.

한편으론 어디에 가도 좋을 것만 같다.

마지막 결정의 순간,

'집으로' 대신 북유럽을 택했다.

노르웨이

73. 미안해, 노르웨이

북유럽이다. 노르웨이다.

살아오는 동안 한 번도 가보고 싶다 떠올려 본 적 없으나, 이번 여름 내가 선택하여 온 곳이다. 내게 노르웨이는 뭉크의 절규, 이룰 수 없는 사랑을 하는 연인의 마지막 도피처, 하루키의 상실의 시대, 노르웨이 숲이 전부였다.

나는 왜 '노르웨이' 하면 연인의 도피처를 떠올렸을까? 아마도 점점 깊어지기만 하는 숲과 지지 않는 태양의 시간, 백야, 눈 위의 순록. 노르웨이에 관해 내가 가진 이런 이미지들이 이 나라를 강렬하지만 고립된 곳으로 만들었나 보다. 그래서 연인들이 도망칠 수 있는 가장 먼 곳이라 생각했던 걸까. 사랑에 모든 걸 걸었으나 그 모든 걸 잃고 이제 둘만 남아, 혼자 남아 백야의 낯선 도시로 숨어든 연인. 왠지 이 곳에서는 〈데미지〉의 제레미 아이언스를 만날 수도 있을 것 같았다.

그. 런. 데…. 길 위에서 만난 노르웨이 사람들은 하나같이 단단해 보이는 팔다리에, 둥근 얼굴에, 높지만 살짝 하늘을 향한 콧날과 강인해 보이는 턱, 동그랗고 살짝 처진 눈을 가진 착한 인상의 소유자들이었다. 거리 곳곳에 있는 가족을 주제로 한 조각들 덕분인지 이곳 오슬로 시민들은 모두 순박하고 고집 있고 성실하고 튼튼하다. 소박하지만 행복해 보인다. 도대체 사랑 때문에 모든 걸 버리고 여기까지 온 사람은 어디에 있는 걸까…, 아무리 봐도 찾을 수 없다.

황당무계한 나만의 선입견이었던 것이다. 이 곳 사람들은 그리 멀지 않았던 바이킹 시절, 하늘을 날며 불길을 뿜어대던 용과 함께, 초록의 숲과 파아란 바다와 비취 빛의 호수와 출렁이는 피오르드 위를 훨훨 날아다녔을 것만 같다. 전나무 숲 깊은 곳에선 이곳 사람을 빼닮은 요정들이 폭포와 바위 사이를 뛰어다녔을 것이다. 설국에 오로라가 생기는 밤이면 여자들은 기러기를 타고 오로라를 향해 날아올랐을 것이다. 비행의 기억을 잊지 않고 있는 그들이 지금이라도 하늘로 날아오를 것만 같다. 힘차게, 훨훨.

74. 노르웨이 숲1

아이들이 숲 앞에 섰다.

크고 작은 아이들이 손에 손을 잡고 있다.

하늘은 맑고 들판은 환하다.

길의 저편, 언덕 너머에서 숲이 시작된다.

초록의 숲은 이내 검은 숲으로 이어져 깊이를 알 수 없다.

저 숲 속에는 무엇이 있을까?

두렵지만, 망설이지만, 결국 걸어 들어갈 것이다.

여기 아닌 저편에 다른 세상이,

모험이 있기에.

75. 오슬로에서 만난 멋진 남자들

1. Edvard Munch

뭉크는 "절규"의 화가로 기억된다. 불온한 색과 구도가 캔버스 전체를 휘감아 도는 가운데, 퀭한 공포의 얼굴로 영원히 절규하고 있는 한 사람.

올해는 뭉크 탄생 150주년이다. 그는 천착하던 몇 개의 주제들을 평생 동안 반복하여 그렸다. 생의 프리즈(Frieze of Life)라는 연작이다. 나는 서로 다른 시기의 연작 작품들을 볼 수 있는 행운을 누렸다. 미묘하게 조금씩 다른 그림들. 자화상, 키스, 두 사람, 절규, 질투, 헤어짐, 마돈나, 여름 해변, 소녀와 여인들, 사춘기, 아픈 아이, 숲과 아이들. 삼십 년 가까이 연작들을 그리며, 그는 무엇을 담고 싶었을까? 고독하지만, 힘이 있고, 낯선 듯 독창적이고, 천재 시인이 길어 올린 번뜩이는 싯귀처럼 강렬하다.
한 장의 그림이지만 모두 서사적이고 극적이고, 복잡한 이야기를 품은 영화 한편 같다. 그의 그림들은 사람의 마음을 흔들어 놓는다. 질병과 죽음, 이별로 이어지는 그의 불행한 긴 생애는 알수록 마음 아프다.

그러나 자화상과 사진으로 만난 그는 강인하고 멋졌다. 눈에 힘찬 기상이 보였다. 현실의 그는 그 모든 것을 겪어내고 이겨냈다고 생각된다.

2. 진짜 사나이 -토르 하이에르달 Thor Heyerdahl

그는 노르웨이의 동물학자이자, 민속지학자이자, 탐험가이고 모험가다. 그의 인생은 모험과 탐험, 도전과 용기로 가득하다. 1947년 Kontiki란 돛단배로 남미와 이스터 섬을 횡단하여 대륙의 문명교류를 증명하였다. 1970년엔 Ra라는 이름의 갈대로 만든 배를 만들어 대서양을 횡단했다. 이집트와 아메리카 대륙은 고대에 이미 배로 여행하고 소통하였을 것이란, 믿음을 가지고, 실제 증명해 보이고자 도전한 것이다. 시행착오를 겪은 끝에 Ra2 호는 고대 이집트인들이 만들었던 방식인 갈대로 만들어져, 서로 다른 색깔의 지구인 6명을 태우고 대서양 횡단을 성공했다.

그는 세상에 태어나 알고 싶은 진실을 구하기 위하여 기꺼이 스스로 부딪히고 탐험하였다. 그가 사람들과 함께 고민하고 경험하고 탐구하여 찾아낸 진실은 인류의 역사에 대해, 그 대단한 모험과 교류에 대해 새로운 시각을 갖게 해준다. 진정한 민속지학자이자 모험가이자 탐험가인 그는 진짜 사나이다. 그와 함께 한 선원들도 다 멋진 사나이다.

세상에 대한 지식과 정보를 인터넷으로, 책으로, 신문과 텔레비전으로만 접하고 그것에 대해 다 아는 것처럼 맘대로 판단하고 입을 헤프게 놀리면서 살고 있지는 않은지. 토르씨에 대한 존경하는 마음과 함께 새삼 나의 얄팍한 삶을 반성하게 된다.

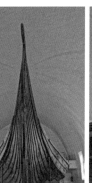  

76. 핸드폰도 시계도 없는 나는...

핸드폰도 시계도 없는 내가 시간을 알기 위해서 만든 습관이 있다. 먼저, 성당 종소리에 귀를 쫑긋 세운다. 그리고 거리를 걷다가 시계탑을 만나면 그 위치를 눈 여겨 봐두는 거다.

이탈리아의 성당은 30분마다 종을 울려주고, 매시 정각엔 도시의 모든 성당들이 힘차거나, 청아하거나, 우아한 서로 다른 종소리로 합주를 한다. 아침이면 성당의 종소리에 잠을 깨어 하루를 시작하고, 저녁이면 더욱 힘찬 종소리에 끌려 집으로 향하는 발걸음을 재촉하는 것이다. 그러나, 이탈리아의 길에서 마주치는 시계들이 알려주는 시간은 제 각각이다. 성당의 종소리도 1~2분의 차이를 두고 울리기도 했다. 그래도 차 시간 외에 따로 지켜야 할 약속이 없는 여행중인 나는 그저 길을 걸으며 종소리에 귀만 기울여도 충분한 것이다.

노르웨이 오슬로에선 시청 시계탑이 믿을 만해서 종종 그곳에 들러 시간을 확인했다. 서로 다른 세 개의 시계가 정확히 시간이 같은 것을 보고 놀라며 칭찬까지 했다. 그러다 베르겐에 도착해서는 내 똑딱이 사진기에도 시간 기능이 있다는 것을 알게 됐다. 이제 시간을 알고 싶으면 그저 셔터를 누르면 될 일이다.

77. 접속

핸드폰도 시계도 없이
그리고 시공간을 넘나들며 여행하고 있는 나.
그를 만나려면 하루 전 약속 시간을 정하고
인터넷이 되는 카페를 찾아 자리를 잡고
시간을 맞춰 노트북을 켜 접속을 해야 한다.
약속 시간을 놓치지 않기 위해
거리의 시계탑 위치를 미리 파악하고
종일 나의 동선과 시간을 체크한다.

 나는 지금 그의 접속을 기다리고 있다.

78. 널 만나 즐거웠어

나는 기차를 좋아한다. 더욱이 유럽은 기차 여행에 좋은 곳이다.

창 밖으로 풍경이 지나가고, 그 속도에 맞추어 세상사 힘겨운 일들도 지나가고,

어느새 난 무념무상이다.

간혹 완행열차를 탈 때면 덜컹덜컹 철로에서 튕겨져 나오는 소리가 정겹다.

깜빡 잠이 들었다 인기척에 깨면 표를 개찰하는 제복 입은 검표원이 눈 앞에 서있기도 했다.

잠들기 전 보았던 승객은 어느새 내리고 낯선 사람이 앞자리에 앉아 있기도 했다.

나는 기차역도 좋아한다. 기차역에 있으면 기분이 들뜨고 즐거워진다.

쉴 새 없이 도착하는 기차는 사람들을 토해내고, 사람들을 어딘가로 실어 나른다.

플랫폼에서 사람들은 누군가를 기다리고, 반갑게 포옹하고,

때론 아쉬움의 긴 입맞춤을 한다.

기차의 출 도착을 알리는 타국어의 안내방송 소리도 음악처럼 듣기 좋고,

전 세계에서 온 각양각색의 여행객을 구경하는 재미도 쏠쏠하다.

그 좋아하는 기차를 타고 처음 가보는 곳으로 향한다는 건 정말이지 멋진 일이다.

그리고 그 기차에서 잠깐이라도 맘이 통하고

왠지 끌리는 친구를 만난다면 이보다 기분 좋은 일이 없게 된다.

너를 만난 건 세상에서 가장 아름답다는 길, 오슬로-베르겐 횡단 열차에서였어.

기차를 타자마자 건너편 좌석에 앉은 넌, 곧장 마주한 사람들과 친해져 떠들어 댔지.

탄성을 지르며 한눈에 봐도 좋은 카메라와 스마트폰으로 줄곧 사진을 찍어대다가 이내 잠이 들었지. 넌.

기차는 몇 시간째 달리고, 나의 앞자리가 비자 넌 내 앞에 와서 물었어.

"네 쪽 풍경이 너무 아름다워, 사진을 찍고 싶어. 앉아도 되지?"

책을 읽고 있었던 나는, 혼자 있고 싶었던 나는 마뜩찮게 고개를 끄덕였고.

그러자 넌 바로 사진을 찍기 시작했지.

그런데 네가 셔터를 누를 때마다 기차는 터널로 들어가버리곤 했어. 머피의 법칙처럼.

그 상황이 서너 번을 넘어 열 번쯤 반복되자,

우리는 서로 눈이 마주쳤고 서로를 바라보며 크게 웃었어.

그 순간이었어. 마음이 열리고 네가 보이기 시작했어.

너는 심천에서 왔다고 했어.

'가족을 둔 채 혼자 여행하던 동양 여자'인 우리는 곧 '통'하였지. 수다가 시작된 것이지.

넌 유창한 영어에 보잉 선글라스가 잘 어울리고, 웃음은 호탕하고,

초콜릿 빛 팔의 잔 근육도 멋졌어.

오슬로-베르겐 횡단 여행코스를 너는 3박 4일에, 난 12시간 만에 간다는 것도 알게 되었지.

첫 번째 환승역 Mirdal에서 우리는 같이 내렸어.

작은 마을 양 편에 높다란 산과 두 개의 터널,

그사이 빨간 기차역이 있는 그 마을에서 우린 헤어졌어.

나는 Flam행 녹색 기차를 기다리고, 넌 산 아래 마을로 호텔을 찾아 내려갔어.

나의 기차가 역으로 들어오는데, 네가 사라졌던 그 오솔길에서 나타났어.

네 숙소는 산 너머에 있다며, 땀 흘리고 있었지.

반짝이는 선글라스.

반가웠어. 너도 나도.

더 높아진 산, 더 깊어진 터널을 지나, 산 속 정거장에서 넌 내렸어.

그리고 손을 흔들며 노르웨이 숲 속으로 사라졌지.

말해주고 싶었어.

'널 만나 즐거웠어. 넌 선글라스가 참 잘 어울려. 즐거운 여행해야 해. 안녕! '

79. 날개

노르웨이의 어느 피오르드 호수에서 배를 타고 있을 때였나.

갈매기 몇 마리가 배를 쫓아 날아왔다.

넓푸른 하늘과 파아란 빙하 호수와 초록의 산들 사이로 유유히 날아다닌 갈매기들.

높게, 낮게, 빠르게, 느리게, 때로는 공중에서 멈춘 듯, 그렇게 바람을 타며 날고 있는

그 하얀 새들을 바라보노라니 문득 나도 그들처럼 날고 있다는 생각이 들었다.

순간 옆구리가 간질간질하다. 타오르미나의 직장 천사 마냥

내 옆구리에도 삐죽이 날개가 솟아난다. 나는 훨훨 창공을 가르며 날고 있었다.

80. 노르웨이 숲2

노르웨이의 숲에 하루키와 함께 들어왔다.

기차를 타고, 배를 타고, 버스를 타고, 다시 기차를 타고 하루 만에 노르웨이를 횡단하였다. 그 숲 안에는 산과 호수와 폭포와 하늘 그리고, 피오르드가 있었다. 텅 빈 공간에 '휘이익 휙' 산들로 가득 채우고, 그 사이로 파란 물을 통째로 부었으니, 위로는 하늘, 아래는 호수다. 눈길이 가는 어디나 숲이거나, 산(바위)이거나, 호수거나, 하늘이다.

저 숲으로 걸어... 들어가면, 무엇을 만나게 될 지 모를 일이다.

81. 베르겐에서 만난 하울의 움직이는 성

유럽 문화에 대한 일본인들의 동경이 대단했구나!

내게 놀라움을 주었고 독창적이라 느꼈던 일본 만화나 소설의 원천과 소재에 유럽의 풍광이나 문화가 많이 녹아 있음을 알게 됐다. 예컨대,

베르겐 아트 뮤지엄에서 내가 정말 좋아하는 '하울의 움직이는 성'과 비슷한 그림을 만났다. 삐걱거리는 다리 위에 얹혀진 엄청나게 커다란 하울의 성이 숲과 들판을 걸어 다닌다. 위태위태 하지만 결코 무너지지 않았던 아슬아슬한 균형 감각을 가진 잡동사니 움직이는 성. 그 재미있는 상상에 얼마나 감탄했던가. 베르겐에서 만난 그림 제목은 " Balance"이다. 왠지 지브리 스튜디오에서 분명 이 그림을 봤을 것만 같다. 이 정도면 청출어람 청어람 인가.

─ KODE, 베르겐

82. 베르겐에서 ────────────────────────

오빠에게.

길게만 느껴졌던 나의 여행이 일주일 남았어요.

지금은 베르겐의 일곱 개의 산 중 하나인 Floyen에 올라와 있어요.

베르겐 시내와 피요로드 바다가 한 눈에 내려다 보여요.

해가 지고 있어 얼른 내려가려다 발걸음을 돌려 다시 전망대에 왔어요.

생각해보니 오늘 보게 될 '붉은 노을' 해지는 모습은

진짜 서쪽바다 '대서양'으로 해가 지는 거잖아요.

대서양 서쪽 바다로 해지는 모습을 볼 수 있는 기회는 흔치 않으니

내려 갈 때는 달리기로 하고 '붉은 노래'를 허밍하며 노을을 기다려요.

'눈 감아요. 소리 없이 그 이름 불러요 ~ '

베르겐 앞바다는 남해 앞바다 같아요.

달아 공원에서 보던 모습, 바다 위에 섬들이 둥실둥실 이어져 떠 있던.

나의 여행의 마지막 행선지가 '집으로'인 것이 새삼 기쁘고 마음이 따뜻해져요.

석 달 동안 고생 많았어요.

집에 가면 우리 더 행복해져요.

2013. 7. 21
대서양의 붉은 노을 앞에서

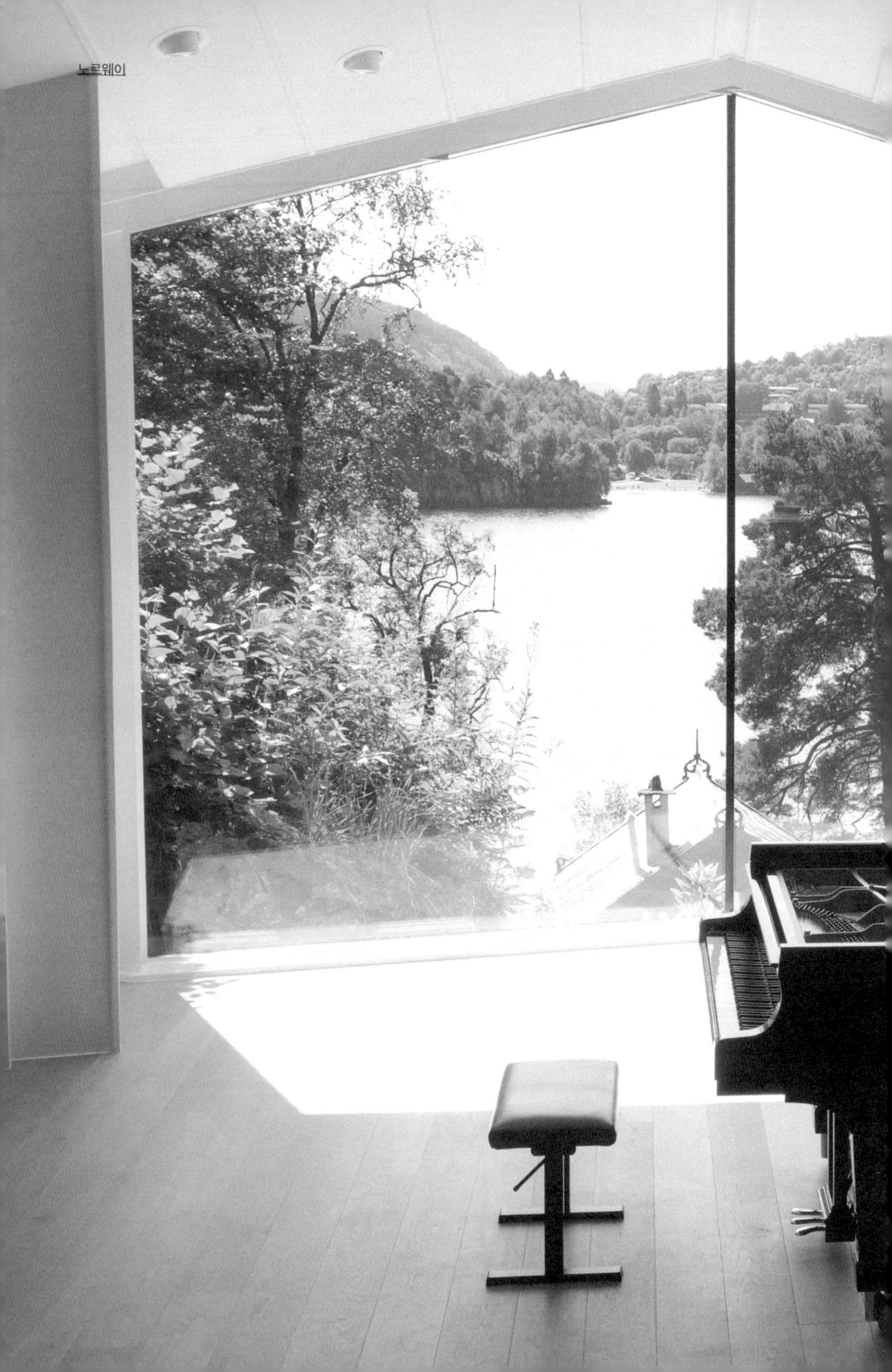

노르웨이

83. 직진이거나, 돌아가거나

신호등이 말한다.

멈춰요.
지금 이대로 계속 가면 안돼요. 기다려요.
편하게 호흡하며 상쾌한 바람을 맞으며 좌우를 둘러 보며 선택을 해야만 해요.
그렇게 선택해 온 나의 길. 나는 다시 사거리 앞에 서 있다.
직진이거나, 돌아가거나.

— 베르겐 사거리

스웨덴

84. 스톡홀름

1,200년 경에 그 역사가 시작된 스톡홀름은 열 네개의 섬으로 이루어진 제법 큼직한 도시다. 140만의 인구에 시민들의 평균 연령은 39세(와~ 젊다). 놀라운 건 이민자의 비중이 30%가 넘는다는 점. 그럼에도 모두 함께 잘 어우러져 살고 있는 듯하다. 북유럽의 고도지만 옛것과 새것이 무난히 함께 하는 도시, 스톡홀름.

많은 섬들과, 공원, 왕궁을 종일 쏘다니다 문득 든 생각, 비결이 뭘까? 다 함께 젊게 잘 사는 그 방법이. 일단, 아프리카와 중동, 동유럽 사람들이 많아 보인다. 난 지금 그들이 주로 사는 지구에서 머무르는데, 주민들의 대부분이 유색 인종이고 집은 모두 새로 지은 아파트라 고풍스런 시내와는 느낌이 판이하다. 동네 전체가 주는 느낌은 우리나라 분당, 일산에서도 나름 부티나는 저층 아파트촌 같다. 거리의 차들도 대부분 깨끗하고 좋은 외제 차들이다. (참.. 난 한국인이라 다 좋은 외제차로 보이나 보다^^)

타 도시와는 달리 외국의 이민자들도 다른 국가와 비교하면 나쁘지 않은, 아니 꽤 수준 높은 생활 기반을 가진 것 같다. 그래서인가? 스톡홀름 시내를 걷다 보면 활기참이 느껴진다. 동그란 얼굴형에 세련된 듯하면서도 순박하고 강인한 느낌을 주는 이들은 과연 어떤 사람들인지 궁금해진다.

젊고 현대적인 베네치아같은 스톡홀름. 그 곳엔 아름다운 건물들이 많지만, 난 시청사가 가장 아름다웠다. 어느 정도 맘에 들었냐면, 만약 내가 여기서 태어났다면 공부 열심히 해서 반드시 스톡홀름 시청 공무원이 되었을 거란 생각을 한 정도랄까. (아쉽게도 직접 보진 못했지만) 시청 안에는 시민들이 낸 금으로 전체를 도배한 방이 있다고 한다. 시민임이 자랑스러운, 그래서 시민들이 아낌없는 사랑을 주고 있구나, 하는 느낌이 들었다. 스톡홀름은 시에서 통신서비스를 시민들에게 공급하고 있다고 한다. 시가 통신사업자라니, 정말 독특한 시스템을 만들었구나.

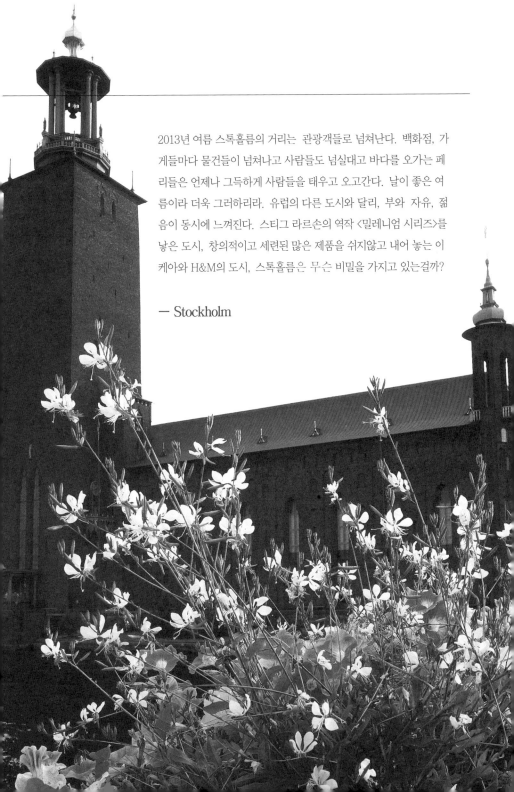

2013년 여름 스톡홀름의 거리는 관광객들로 넘쳐난다. 백화점, 가게들마다 물건들이 넘쳐나고 사람들도 넘실대고 바다를 오가는 페리들은 언제나 그득하게 사람들을 태우고 오고간다. 날이 좋은 여름이라 더욱 그러하리라. 유럽의 다른 도시와 달리, 부와 자유, 젊음이 동시에 느껴진다. 스티그 라르손의 역작 <밀레니엄 시리즈>를 낳은 도시, 창의적이고 세련된 많은 제품을 쉬지않고 내어 놓는 이케아와 H&M의 도시, 스톡홀름은 무슨 비밀을 가지고 있는걸까?

— Stockholm

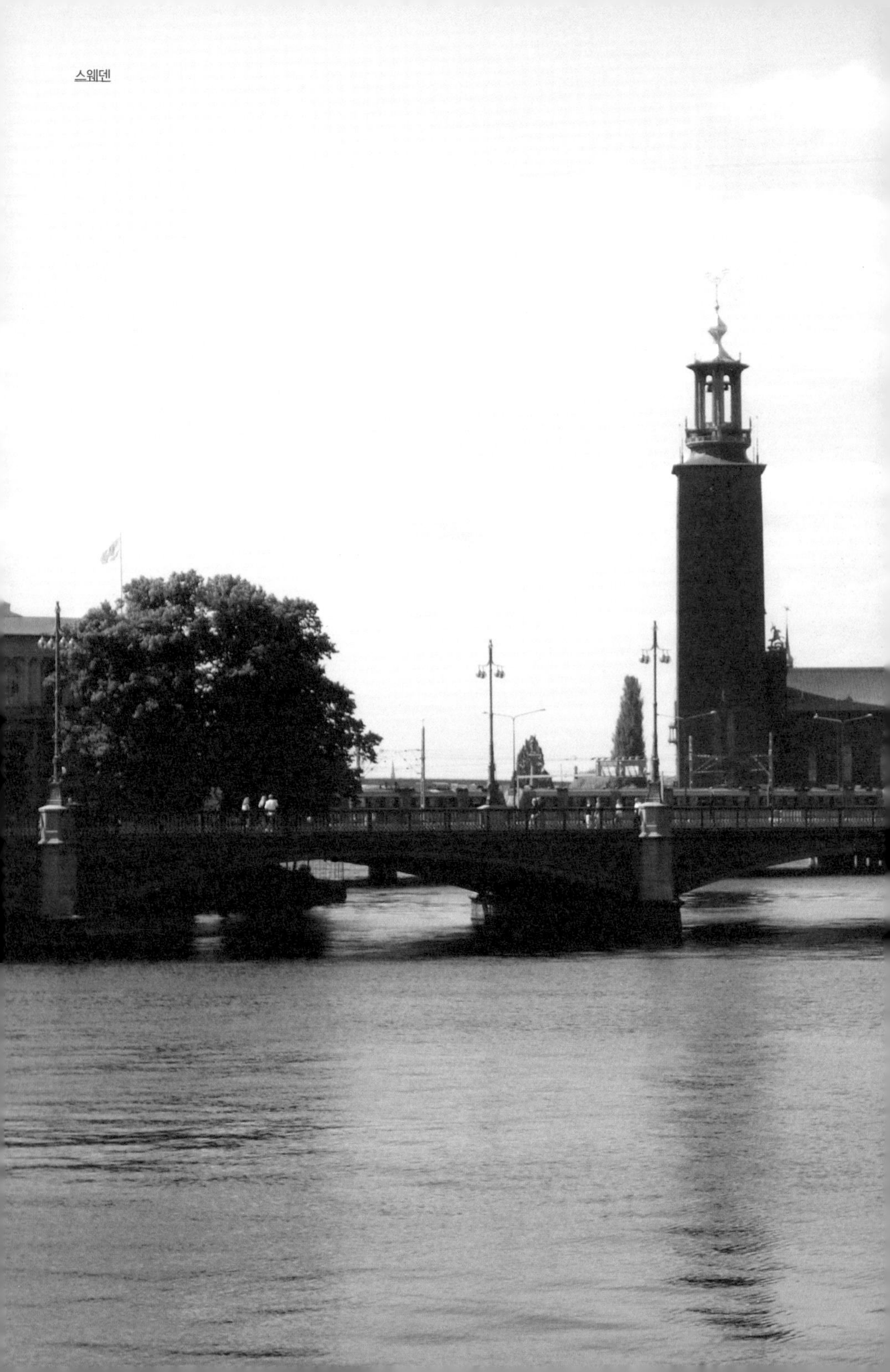

85. ABBA의 노래 중 어떤 게 제일 좋아요?

스톡홀름 시내의 한 아름다운 섬, 그 안에 올봄 아바 박물관(ABBA The Museum)이 개장되었다. 아바는 스웨덴이 이 세상에 선보인 최고의 유명인사가 아닐까. 그래서인지 사람들로 북적인다. 나는 그곳에서 아바의 음반을 하나 샀다. 박물관에서 가장 인기있는 것은 아바가 되어 사진찍기. 누가누가 가장 닮았나. 어르신들도, 젊은이들도 금발머리, 갈색머리, 하얀머리, 검은 머리, , 각자 좋아하는 가수의 입체간판 뒤에서 얼굴을 내밀며 한껏 즐겁다. 아바 특유의 반짝이 옷들이 여름날 부서지는 햇빛 속에서 사람들의 마냥 즐거운 웃음 소리와 함께 유쾌하다.

어린 시절 부터 들어왔고, 언제 들어도 신나고, 맘마미아 뮤지컬로, 영화로도 자주 만나게 되는 아바. 언제 들어도, 누가 들어도 경쾌하고, 즐거운 아바의 노래들. 마치 즐거워지는 마법에 걸린 것 마냥 어깨가 들썩들썩, 다리가 흔들흔들, 흥얼흥얼거리다 마침내 큰소리내어 따라 부르게 만드는 놀라운 아바의 노래들. 불후의 명곡들.

우리 차 안에는 아바 골드 CD가 있어 가족여행 다닐 때면 크게 틀어놓고 따라 부르곤 하였다. 어느 길이었을까? 담양의 메타세콰이어길이었나, 정선의 어느 산길이었나. 인적이 드문 도로에서 창을 내리고 바람을 맞으며 목청 터져라 합창했던 생각이 난다. 키득키득 웃으며, 한바탕 노래를 부르고 나니 막내가 물었다. "엄마는 어떤 노래가 가장 좋아? " " 흠, , 어렵네. 너는? "막내는 I do I do. 큰 아이는 I have a dream이 좋다고 했건 거 같다. 궁금해진다. 나는 무슨 노래를 가장 좋아한다 대답했더라? 그이는? 돌아가면 물어보아야겠다. 아바의 노래 중 어떤 노래가 제일 좋아? 그리고 이번에는 기억해야지. 그 노래들을 다시 한번 창을 열고 산길을 돌며 다함께 큰 소리로 따라불러야겠다.

- ABBA The Museum

86. 건강해지는 느낌

여행을 하다보면 . . .

넓은 세상 구경할 것 많고, 맛난 음식들도 많고, 다닐 곳도 너무 많아

눈은 언제나 즐겁고, 혀와 위는 즐거운 함성을 지르고, 끝없이 걷고 또 걸으니 점점 튼튼

해지는 것 같다.

얼굴은 까맣게 그을리고, 머리칼은 점점 강렬해지는 여름 태양 아래 점점 노랗게 변해가

고, 매일같은 강행군에 다리에 알도 생기고, 무거운 가방에 어깨가 아파도,

맑고 좋은 공기에 머리 속은 깨끗해지고, 무거운 가방도 이젠 가뿐히 들고 다닌다.

매일 아침 길을 나설 때 지도와 사진기, 지갑을 확인한다. 한 통의 물 또한 필수품.

전날 운이 좋아 가방 안에 사과나 복숭아 한 알, 요구르트라도 들어가 있으면 언제라도

허기를 채울 수가 있다는 생각에 마음이 그렇게 든든할 수 없다.

뭐, 술 고프고, 고기 먹고 싶고, 단 게 땡기면 언제라도 장안의 유명하다는 식당에 들러

넉넉히 먹는다.

흠. 오슬로에선 산타클로스 마차를 끌던 사슴고기를 먹었더랬지. 스페인 산동네에선 토

끼 바베큐를, 토스카나에선 소 내장 햄버거.

와~ 난 이제 무엇이든 먹어낼 수 있는 진정한 여행자가 된 거 같다.

소박하게 매일 즐겁고, 건강해지고 가벼워지고 … 이 느낌 잘 간직하자.

87. 영어 책방

어느날 문득 책이 고플 때가 있다. 기차에서, 낯선 방 침대에 누워, 한적한 공원 벤치에서, 커피 냄새가 구수한 카페에서 불쑥 활자가 사무치게 보고싶단 생각이 떠오를 때가 있다. 책을 손에 쥐고 잉크 내음을 맡으며 정렬되어 있는 활자를 눈으로 읽어내려가고 싶은 욕망. 특히 그 곳이 유럽이면 현지어가 아닌 영어책을 찾아야 하기 때문에 쉽게 그 욕망을 잠재울 수가 없다. 그래서 공항이나 큰 기차역에서 서점을 발견하면 영어 책들을 사두곤 한다.

이번에 북유럽으로 출발할 때엔, 최대한 가볍게 짐을 꾸려야 한다는 생각에 한국에서 가져온 몇 권의 책들을 이탈리아를 떠나는 길에 만난 한국인들에게 선물로 주었다. 그리곤 미술관, 박물관에서 파는 영어로 된 화집이나 책을 사서 읽었다. 엄마가 가져다주신 하루키 신작도 하루만에 다 읽어버릴까 조심하며 아껴 읽었지만 겨우 삼일만에 끝이 났다. 한글로된 책을 읽는 기쁨은 당분간 없을 것이다.

며칠째 책이 고팠던 때, 스톡홀름 감라스탄 거리에서 'English Bookshop'이란 간판을 발견하고는 반가운 마음에 한달음에 그 곳으로 들어갔다. 넓진 않지만, 고풍스런 책방 분위기가 편안하고 좋았다. 책 냄새를 맡으며 천천히 책들을 둘러보다가, 예쁜 점원 언니에게 스웨덴 작가 책을 추천해달라고 부탁했다. 그녀는 라르그손의 책들을 추천해준다. 그리고 몇몇분들도 함께. 라르그손의 책들은 이미 다 읽었기에 살까말까 잠시 망설이다가, 서점 주인이 금주의 책으로 추천했다는 미국인이 쓴 책을 골랐다. 〈Where'd you go, Bernadette〉. 시애틀이 배경이다. 사춘기 여자아이가 주인공이고 화자이기도 하다. 지난해 여름 두달 간 수민이와 함께 지낸 시애틀의 섬들, 낯익은 거리, 지명이 나와 친숙하고 반가웠다. 그리움이 문득 밀려온다.

다음 주면 한국에 돌아가니, 이젠 책 고플 일도 없을 것이다.

- English Bookshop, Gamla Stan

88. 달에 대한 몇 가지 단상

누구에게나 그렇지만 내게 달은 특별하다.
둥근 달을 보면 시도 때도 없이 소원을 빌고 소망을 말한다.
얼마나 많은 사람들이 달에게 소원을 빌까?
안스런 마음이 들기도 한다. 그래도, 난 소망을 멈추고 싶지 않다.
그저 말없이 들어주기만 해도, 그저 거기 있어만 줘도 좋은 걸 어떡하나.

맑고 쾌청한 밤 하늘에 둥실 떠 있는 달을 보면 덩달아 마음도 맑아진다.
빠르게 달리는 구름 사이로 달님이 나타날 때면 나도 모르게 탄성이 나온다.
유난히 노랗고 큰 달을 보면 마음이 풍성해진다.

– 한 해 가장 큰 보름달이 뜬 밤

어젯밤 보고 들어 온 유난히 크고 둥근 달 때문인지,
오랜만에 마신 늦은 오후의 커피 때문인지,
나도 모르게 혹은 나도 모르는 내 의지로 어딘가 두고 온 것들 때문인지,

지독히 잠 못 드는 밤.

아침이 되려면 아직 지나야 할 새벽이 많이 남았는데…
마음 속 폭풍은 쉬이 가라앉지 않는다.
이러다 막상 아침이 되면 또 허둥허둥 하겠구나.

달은 가끔 마법을 부리는 것 같다.
우리의 소원을 들어주기만 하는 것이 아니라,
엄청난 힘으로 지구별 바다를 끌어당기기도 놓아버리기도 하고,
그 마력으로 우리의 밤을 뒤척이게도, 우리의 맘을 흔들어 놓기도 한다.

– 2013. 6. 24

- 로마의 달

시공간이 다른 이국에서 빡빡한 출장 일정에 피곤한 하루를 보내고 나면
낯선 호텔에서 혼곤히 잠에 빠져 들면서도 이른 새벽 눈이 떠질 것을
지레 걱정해야 하는 때가 종종 있다.

그럴 땐, 난 커튼을 꼼꼼히 닫고 어둡고 무거운 공기를 느끼면서 잠을 청한다.
그 무게로 아침까지 조금 더 오래 잠 속에 머물러 있기를 바라는 마음에서다.

지난 2월 나의 마지막 출장, 모든 게 꽁꽁 얼어버린 설국 독일에서 빠져 나와 며칠 로마에서
일정을 보내야 했던 그 밤도 그렇게 잠이 들었다.
다음날 어느 때쯤일까 가늠하기 어려운 이른 시간, 알람보다 먼저 눈이 떠졌다.
커튼 사이로 빼꼼히 들어오는 푸른 빛에 이끌려, 일어나 창 밖을 바라보았다.
눈에 익은 로마의 풍경, 그 지붕 위 달님이 나를 반겨주었다.
아~ 올 들어 처음으로 위로 받는 느낌이었다.
검푸른 새벽 하늘에, 푸르스름하니 말간 달빛이 마치 엄마처럼 날 감싸주었다.
"나 왔어. 그 동안 잘 있었어? "

사흘이었다. 로마에서 머문 사흘간 새벽마다 달님은 그렇게 나를 반겨주었다.
의리 있는 멋진 녀석!

뮌헨에서 정녕 마지막 날을 보내는데 로마의 아침 달님 생각이다.

작고 가냘픈 초승달이, 반달이, 둥근 달이, 이국의 밤 하늘에 걸쳐 있으면 홀로 있어도
외롭지 않다. '그래, 저 달이 나를 지켜보고 있구나. 세상 저편 누군가도 저 달을
보고 있겠구나' 하는 마음에 든든해지는 것이다.

- 2013. 2. 5

- 노르웨이의 해와 달

대서양으로 지는 석양을 보고 싶었다.
진정한 서쪽 하늘, 그 아래 큰 바다인 대서양으로 지는 해는 특별할 거라 생각했다.
뭉크의 절규에 나오는 하늘 속 휘몰아치는 듯 불길한 석양이 아니라
그저 큰 바다로 풍덩 뛰어드는 호연지기 가득한 태양을 기대했다.

베르겐을 둘러싼 일곱 개의 산봉우리 중 바닷가에 위치한 숙소의 뒷산, Fløyen Bergen에
올랐다. 베르겐 앞바다엔 섬들이 점점이 박혀있어 바다 아래로
온전히 사라지는 해를 볼 수는 없었다.
하지만 그 바다가 대서양이어서 그것만으로도 좋았다.
북국의 여름날, 길게 늘어진 낮 시간, 태양은 밤 11시가 다 되어서야 자취를 감춘다.
기다리는 시간이 제법 길어졌다.

그. 런. 데…. 열 시쯤 됐을까, 반대편 동쪽 하늘, 산봉우리 위로 둥근 달이 불쑥 떠올랐다.
해와 달이 하나의 하늘에 공존하고 있다니…. 눈 앞의 해를 보다가 뒤편의 달을 보다가….
기분 좋게 분주했다. 아름다웠다.

밤 11시를 훌쩍 넘어선 시간, 푸니쿨라도 멈췄다. 할 수 없이 나는 산속을 거의 뛰다시피 내
려왔다. 개와 늑대의 시간. 숲 안쪽, 깊이를 알 수 없는 검은 빛을 내뿜으며, 빠르게 내려앉
는 어둠으로 가득한 사위가 무서웠다.

달려 내려오다 문득 하늘을 올려다보니 키 큰 나무 사이로, 저만치 높은 곳에 달이 걸려 있
었다. 뛰어 내려오다 저쯤 있겠지 싶어 뒤를 돌아보니 동화 같은 하얀 마을 지붕 위를 달님
이 어김없이 내려다 보고 있었다.
거기서 날 지켜주고 있었구나, 착한 녀석!
그 밤, 창밖에 있을 착한 달을 생각하며 잠이 들었다.

- Fløyen Bergen에서

89. 오슬로에서

사랑하는 수민아, 지인아
엄마는 지금 노르웨이에서 스웨덴으로 가는 기차를 타고 있단다.
밤새 노르웨이 서쪽에 있는 베르겐에서 기차를 타고 동쪽 수도 오슬로를 도착해서
다시 스웨덴의 수도 스톡홀롬이란 곳에 가는 중이야.
노르웨이에는 산과 숲과 호수와 폭포가 아주 많은 아름다운 나라였어.
여름인 지금은 해가 12시까지 지지 않고 새벽 네 시부터 밝아오더구나.
전설에 따르면 백조들이 멀리 북쪽으로 날아가다가 얼음에 갇혀 얼어버렸는데,
그 얼음 안에서 백조들이 벗어나려 날갯짓을 할 때마다
하늘에 오로라가 나타난다는구나.
엄마는 아직 그 아름다운 광경을 보지 못했지만,
언제인가 수민이, 지인이는 꼭 볼 수 있기를 바래.
보게 되면 얼음에 갇힌 백조를 구해주렴.
항상 건강하고, 밝고, 사이 좋게 지내렴.
사랑한다.

2013. 7. 22

너의 눈길과 손길, 발길 그리고 마음이 느껴지는 엽서들을 다시 한 번 읽어봤어.

이스키아의 아라곤 성, 피렌체, 체팔루의 바닷가,

론다, 알함브라 궁전, 몬세라토, 바르셀로나, 치비타 그리고 바티칸까지.

네게 튼튼한 다리와 강한 심장을 주신 부모님께 새삼 고마움을 느껴. ^^

이제 만으로 마흔 셋.

15,707일 째의 삶을 보내는 당신은 지난 80여일 동안은 정말 색다른 시간을 보냈겠지.

그 전의 15,600여 일과는 확연히 구분되는 그런 시간이었기를 바래.

너와 내가 운이 좋아 괜찮은 형편의 가정에서 자라고 그런대로 좋은 직업도 가졌잖아.

이런 삶에는 권태가 찾아 들기 쉽지.

넌 예방백신을 맞은 거야.

2025년까지는 잘 버텨야 해. ㅎㅎ

생일 축하해.

그리고 무사히 돌아와주면 더할 나위 없이 고마워할 거야.

2013. 7. 27

ADAM ELSHEIMER (1578–1610)
Die Flucht nach Ägypten (Ausschnitt), 1609
The Flight into Egypt (Detail) / La fuite en l'Égypte (détail)
Kupfer, 31 x 41 cm
Bayerische Staatsgemäldesammlungen, München
Alte Pinakothek
Printed in Switzerland - Vontobel, CH-8706 Feldmeilen
VD 6136d · www.vontobel-art.com

91. 다시 만나요, 피렌체

산 스피리또 성당.

그곳엔 적당히 아담하고 정겨운 광장이 하나 있다. 그 광장에선 매일 장이 선다. 그리고 광장 한 가운데, 바사리가 디자인 했다는 분수대가 있다. 장식이 거의 없는, 둥글고 단순하지만 우아한 선을 보여주는 분수대는 산 스피리또 성당과 잘 어울린다. 그 분수에서는 언제나

경쾌하게 물이 흐르고, 새들은 물을 마시고, 사람들은 둘러 앉아 얘기를 나눈다.

광장에는 주변 건물보다도 더 커버린 나무 몇 그루가 햇살과 바람을 맞아 반짝이고 흔들린다. 바람이 불면 나뭇잎들은 춤을 춘다. 쏴아, 쏴아아아. 잎들을 스치는 바람소리, 물 소리, 구구구 비둘기 소리, 성당 종소리, 사람들의 수다와 웃음, 주변의 식당에서 흘러나오는 음악소리…. 소리들은 광장에서 서로 부딪히고, 섞이면서 순간순간 가장 자유로운 즉흥곡을 만들어낸다. 기분이 좋아진다. 이 광장은 분명 소리로 기억될 것이다.

5월 어느 날 오후.

갑작스런 소나기를 피해 뛰어 들어간 광장 한 켠 작은 카페에는 멋쟁이 할머님이 앉아 있었다. 피렌체에서 흔치 않은 모던한 분위기의 인테리어를 가진 카페였기에 그녀는 눈에 금방 띄었다. 검은 투피스 정장에 고급스런 망사 스타킹, 레이스가 달린 우아한 검은 모자를 썼고, 알이 굵은 진주 목걸이와 귀걸이, 반지로 치장하고 화려하면서도 고운 화장을 하고 있었다. 고전적인 스타일이지만 완벽한 차림이었다. 여든은 훌쩍 넘어 보이는 그녀는 바에 앉아 담배를 피우고 있었다. 카페 분위기에 잘 어울리는 멋지고 젊은 바리스타와 웨이터가 그녀에게 볼 뽀뽀를 하면서 안부를 물었다. 그들의 대화는 짧았지만 다정해 보였다. 그녀는

천천히 담배를 피고, 에스프레소를 마시고 느리게 카페에서 일어났다.

그 후 산 스피리또 광장에 갈 때마다 그녀를 보았다. 그녀는 옷, 장신구, 가방에 구두까지 완벽하게 '깔' 맞추어 차려 입고 있었다. 그녀의 성장은 언제나 그녀를 돋보이게 만들었다. 그녀는 광장을 가로질러 천천히 걷고 있거나, 동네 사람들과 얘기 중이거나, 카페에서 에스프레소를 마시고 있었다.

어쩌면 특별할 것이 없는 하루하루이지만, 그녀는 그 매일을 특별하게 여기고 특별하게 보내는 게 아니었을까? 그녀는 오늘도 그 광장에서, 카페에서 즐거운 오후를 보내고 있을 것이다.

작은 수도원과 함께 있는 이 성당은 파사드(facade)를 완성하지 못했다. 만들다 만 성당의 얼굴은 날 것의 느낌을 풍기고 있다. 세월이 흘러 그대로 아름답다.

산 스피리또 성당 안에는 미켈란젤로가 만든 나무 예수와 십자가가 있다. 그의 예수는, 몸의 선이 가냘프고 몸에 비해 커 보이는 얼굴을 살짝 숙이고 있는데, 눈과 코와 입을 연결하는 단아한 선이 동양인을 연상케 한다. 십자가에 매달린 그는 고통스럽기보단 생각에 잠겨 있는 듯하다. 그가 고통스러워 보이지 않아 다행이다. 그 위에서 그는 우주를, 구원을 생각하고 있지 않았을까? 그래서 다행이다.

여행 마지막 날 저녁.
전날 나의 생일을 자축하며 샀던 토스카나 와인 한 병과 천도 복숭아 한 알을 들고 산 스피리또 광장에 갔다. 많은 사람들이 성당 앞 계단에 앉아 한 여름 밤의 바람을 즐기고 있었다. 광장 장터에서 나는 처음으로 올리브 나무를 깎아서 만든 작은 나무 도마를 샀다. 그리고 바사리 분수대에 걸터 앉아 피렌체에게 이별을 얘기하고, 즐거웠노라 고백하고, 재회를 소망했다.

- San Spirito

92. 내가 만난 여자들

호텔을 전전했던 지난 직딩 시절과는 다르게 지내고 싶었다. 그래서 선택한 것이 민박. 저렴하다, 집 같은 느낌도 유지할 수 있다. 뭣보다 그 곳에 사는 사람들과 함께 지내며 생활을 하면 다르지 싶었다. 여행은 끝났지만 좋았던 이들에 대한 기억을, 아직 추억할 수 있을 때, 남기고 싶다.

여행의 첫 달은 피렌체에 사는 예술가 커플, 자스미나와 레오와 함께 보냈다.

자스미나는 이탈리아와 프랑스, 인도, 그리고 중미 어느 나라 출신의 조상을 가진 덕택에 놀라우리만큼 이국적이고 아름다운 반면, 레오는 토스카나 토박이 출신이다. 그들은 아름다운 정원을 가졌고, 집 마당에서 에스프레소와 맥주와 와인을 마시고 줄담배를 피우면서 늦도록 이야기했다. 보석 디자이너인 자스미나는 늘 멋지게 차려 입었다. 옷을 직접 수선했고, 때론 직접 만들어서 입었다. 그림을 그리면서 화랑을 운영하는 레오는 '철학적'이다. 가끔은 너무 형이상학적이고 격정적이기까지 했다. 집은 레오의 작품들로 가득하다. 그들의 친구가 운영하는 시내의 어느 멋진 식당도 레오의 그림이 벽을 장식하고 있었다. 그 식당의 요리는 환상적이다. 이들 커플은 싸울 땐 큰 소리로 고함을 치고, 때론 집을 뛰쳐나가기까지 하며 자신들이 격정적인 이탈리아 사람임을 보여줬다. 그들과 함께 시간을 보내고, 가까이서 바라보며 나는 피렌체 사람들의 삶을 한 부분이나마 알게 된 느낌이다. 너무나 Florentino인 그들과 한 달간의 동거를 마치고, 이후 두서 없는 여행일정에 따라 피렌체에 들릴 때마다 내가 보고 싶은 사람들은 그들이었다. 볼 때마다 반가웠다. 내가 도움이 필요할 땐 기꺼이 도와 주었고, 나의 여행이 안녕하길 기원해주었다. 우린, 언젠가 반드시 다시 만나자는 기약 없는 약속을 하며, 헤어졌다.

시칠리아 카타니아에서 만난 '미라'는 모스크바에서 왔다. 말 그대로의 '방년' 스물 셋. 팔 개월 된 밤색의 곱슬머리를 가진 귀여운 아기 '조르조'의 엄마이기도 하다. 아이 아빠인 남자친구와는 임신 중 헤어졌다고 한다. 그래도 아기는 밤낮으로 교대하며 각자의 집에서 돌보며 키운다. 그녀는 시칠리아에서 경제학과를 졸업했고 4개 국어를 유창하게 구사한다.

지금은 아이 때문에 민박 일을 하며 지낸다. 아이를 사랑하지만 돌보는 일이 익숙하기엔 너무 어린 미라는, 아빠가 아이를 돌보는 어느 밤, 밤새 클럽에서 놀다 아침에야 들어왔다. 그녀는 지금 몰타에 가고 싶다. 그렇다. 어디나 세상은 만만하지 않다. 이 처자는 분명 행운이 필요해 보인다.

아그리젠토(이곳 역시 시칠리아의 고도)에서 만난 아니타는 그리스 여신을 연상케 하는 멋진 갈색 곱슬머리와 우뚝한 콧날을 가졌다. 만난 지 이틀째 되는 아침, 우리는 두 시간이 넘도록 서로의 삶에 대해, 이를테면 그녀가 왜 마흔이 넘고도 혼자 사는지, 앞으로 남자 '따위'는 왜 만나지 않을 것인지, 그리고 그녀 농장의 덩치 큰 개들과 사랑하는 가족들, 크기가 사람 얼굴만하다는 오렌지에 대해 얘기했다. 나는 내가 왜 여행을 시작하게 되었는지, 지금은 어디를 헤매고 다니는지 얘기했다.

완벽한 '타인'인데도, 처음 보는 순간 너무나 잘 통하는 것을 느낄 때가 있다. 더구나 일방이 아닌 서로가 그것을 느끼는 기이한 순간이 찾아오기도 한다. 그래서 아니타와의 짧은 만남은 아쉬웠다. 헤어질 때 마치 십 수년은 알아온 사이처럼 우린 서로의 삶에 축복을 건네며, 여러 번 포옹을 하였다.

피렌체의 어느 한국인 화가는 그림 때문에 혈혈단신, 혼자 살고 있다. 로마 유학 시절, 국립미술대학 노교수의 눈에 띄어, 진짜 다비드 동상이 있는 피렌체 아카데미아 국립 미술대학으로 함께 옮겨 매일 그림 작업을 하고 있다. 그림을 그리고 싶은, 그래서 더 많은 것을 배우고 싶은 그녀는 생활을 위해서 민박을 치고 있다. 그녀의 집은 간결하다. 벽에 걸린 그림들은 어딘지 모르게 마음을 끌어 당긴다. 손님을 위해 환상적인 한식 아침을 차려내기도 하는 그녀는, 그러나…, 예술가이다. 생활 때문에 만나고 겪어내야 하는 철없는 배낭 여행객들에게 종종 상처를 받고, 예민하게 굴기도 한다. 예술은 더디고, 생활은 가까이에 있으니…. 언젠가 그녀가 원하는 아름다운 유화 초상화를 그릴 수 있기를 바란다.

오슬로의 안나는 노르웨이 왕궁 뒤편의 아파트에서 혼자 살며 민박을 한다. 그녀의 사촌 중에는 어릴 적 한국에서 입양되어 온 이가 있다고 한다. 그녀는 하루 대부분을 컴퓨터로 채팅하고, SNS를 하고, 게임을 하며 혼자 지낸다. 민박을 치는 방은 하나이지만, 위치가 좋고(왕궁과 멋진 왕의 정원이 근처에 있다), 다녀간 손님들 평도 좋은데다, 마침 여행객이 몰리는 여름이기도 해서… 방이 비어 있는 날이 거의 없는 것 같았다. 안나는 주인으로부터 버림 받거나 길을 잃은 고양이가 새로운 가족을 만날 때까지 돌보는 일도 겸하고 있다. 나는 캐스퍼란 갈색 고양이를 그 집에서 만났다. 아직 사람이 두려운 캐스퍼는 하루 종일 창가에 앉아 바깥 세상을 바라다 보고 있다. 혹시 길냥이 캐스퍼가 자유로웠던 옛 시간들을 그리워하고 있었던 것은 아닐까. 캐스퍼가 좋은 가족을 어서 만나길 바란다.

자스미나와 미라, 아니타, 안나… 그녀들은 내게 물었다. 이 여행을 왜 시작했는지, 외롭진 않은 지, 떠나온 가족을 '정말' 사랑하는지, 돌아가면 무엇을 할 것인지…. 나는 정답을 가지고 있지 않아, 그때 그때 형편에 맞게 답을 했던 것 같다. 왜 시작했는지는 시작하는 그 순간 잊었다. 때론 많이 외롭다. 지금 잠시 떨어져 있는 가족을 나는 정말로 사랑하고 있는 것 같다. 그리고 돌아가면 자전거를 배울 것이고, 추리 소설들을 읽으며 더위를 잊을 것이고, 해질녘엔 맛있는 저녁을 만들어 식구들을 기다리며 이번 여름을 날 것이다. 그 다음은 무엇이 나를 기다리고 있을지 모르지만, 나를 기다리고 있는 게 있다면 반드시 나를 만나게 될 것이다 라고.

93. 은일

88일의 여행 동안 가끔, 아니 내내 외로웠지만, 그리고 고독했지만
아름다운 것들로 둘러싸여, 방해 받지 않고, 은일하는 맛은 계속 깊어졌다.

94. 7월 29일

– 마지막 날의 새벽

새벽에 일어났다. 이제 돌아가는 비행기만 타면 되는 것이다. 돌아가는 그 곳은 예전의 그 곳이 아니다. 아주 잠깐 불법 체류자를 생각해본다. 지금 떠나면 영원히 돌아갈 수 없을 것이다. 떠나기만 한다고, 나날이 새롭기만 하다고 그것이 무슨 의미가 있을 것인가.

어제는 물건들을 사들였다. 홀린 듯 빈 가방을 채웠다. 마치 가방이 무거워질수록 내가 얻어가는 것이 쌓이는 것 마냥. 그러나, 하루 밤도 못되어 마음이 불편해졌다. 이렇게 소비하는 것은 정당하지 않았다. 편치 않은 마음으로 뒤척인다.

– 마지막 날의 아침

여행의 마지막 날 아침이다. 종이 울린다. 피렌체의 모든 성당들이 마치 서로에게 나의 귀향을 알려주기라도 하듯 종을 친다. 지금, 나는 더 가고 싶은 곳, 더 보고 싶은 곳, 더 해보고 싶은 것이 생각나지 않는다. 나의 여행을 정리해야만 한다는 생각이 들기도 하지만, 지금은 그냥 가족이 많이 보고 싶다. 집으로 갈 수 있어서 다행이다.

아무 것도 정해지지 않은 채 내 앞에 펼쳐질 서울에서의 시간들이, 그런 삶이 어떤 것일지 조금은 두렵다. 무엇이건, 어떻게 살건 빛을 잃지 말고, 호기심을 잃지 말고, 방향을 잃지 말고, 항상 가족에 대한 그리움을 기억하고, 절대 나 자신을 함부로 내버려 두지 말자.

나의 88일간의 여행이 시간의 흐름에 휩쓸려 사라지지는 않을 것이다. 분명 나와 함께 있을 것이다. 종소리가 정말 아름답다. 그리울 것이다.

95. 집으로

집으로 돌아왔다.

신혼 마냥 살림이 낯설게 느껴졌던 18년 차 신부는
집 앞에 단골 가게를 만들고 매일 아침 저녁으로 새로운 요리들을 실험한다.
식탁이 즐겁고 식구들은 살이 오른다.

처음으로 종일 가족들과 '함께' 생활하는 엄마는
토닥토닥, 궁시렁 궁시렁, 가끔은 용처럼 불을 뿜으며 으르렁 으르렁,
사춘기 아이들보다 예측불허, 변화무쌍이다.

이제는 돌아와 서울의 아파트 숲에 앉은 나는
아침의 한바탕 분주함과 서두름이 끝나고 모두가 나간 후
집에 홀로 남는 순간이 좋다.
저절로 미소가 떠오른다.
눈을 감으면, 내 마음 어디선가 아르노 강바람이 살랑, 토스카나 아스라한 햇살이 반짝,
피오르드 은빛 물결이 찰랑…. 추억은 방울방울 반짝거린다. 마음 속 어디선가 파닥파닥
날갯짓이 일어난다. 그러면 혼자 가만히 좋아한다.

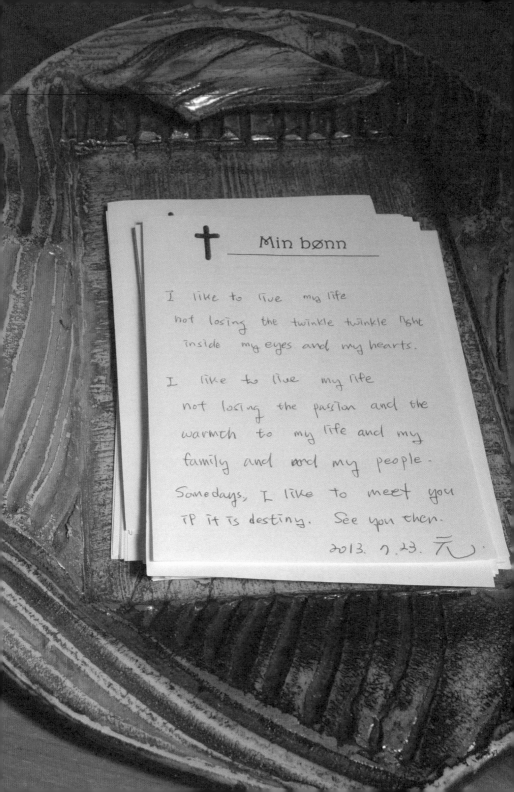

✝ **Min bønn**

I like to live my life
not losing the twinkle twinkle light
inside my eyes and my hearts.

I like to live my life
not losing the passion and the
warmth to my life and my
family and and my people.

Somedays, I like to meet you
if it is destiny. See you then.

2013. 7. 23. 元

FIN

96. 이번엔 책으로 낼까 해

지나간 일 돌아보기와 추억에 잠기는 걸 궁상이라 여기며 그다지 좋아하지 않았기에 나는 스무 살 이래로 그렇게 많은 나라와 도시를 다녔으나 사진도, 메모도, 편지도 제대로 남겨 본 적이 없다. 내 맘 속에서 새겨진 기억보다는 늘 지금 이 순간이, 다가올 미래가 중요했기 때문이다.

이번 여행에서도 뭔가 기록을 남길 생각은 선뜻 하지 못했다. 그런데, 여행하는 내내, 내 안에서 계속 무엇인가 차오르고 또 차올랐다. 출발 전 선물로 받은 디지털 카메라와 노트북 그리고 페이스북 덕택에 이번 여행에서는 제법 많은 사진을 찍고 단상들을 메모로 남길 수 있었다.

집으로 돌아와 사진들과 메모들을 정리하기 시작했다. 그리고 88일간의 여행에 대한 기록을 남기기로 마음 먹었다. 처음으로 나의 기억들을 기록하고, 정리하고, 글도 길게 써보는 것이라 오래 걸렸다. 처음부터 뭔가를 쓸 요량으로 다가가지 않았기에 여행 현장에서 찍은 사진과 두서 없는 글들은 어딘지 어설프고 또 서투르다. 책을 많이 읽어 온 신랑이라도 있어, 리뷰하고 의견도 주어 이만한 모양새라도 갖추었다. 다행이다.

돌아온 이후로 적잖은 시간이 흘러, 그 때 그 느낌, 벅찼던 감동조차 점점 옅어져 간다. 내 인생에 찬란하게 빛났던 한 때가 지나가고 있는 것이리라.
하여, 용기 내어 이 기억들을 모아 책으로 만들고자 한다.

화양연화, 인생에서 가장 아름답고 행복한 시절!
내 삶의 화양연화는 언제일까, 가끔 생각해본다.
혼자만의 88일 유럽여행,
어쩌면 나는 지금 그 아름다운 시절을 끝내고 돌아왔는지도 모른다.

Venetia

Assisi

Tivoli

Oslo

Flåm

Bergen

Stockholm

Firenze

End

초판 2쇄 발행일　　　2014년 1월 30일

지은이　　　정시원
펴낸이　　　정시원
펴낸곳　　　출판사 **별**

편집　　　정시원
디자인　　　김보나

출판등록　　　2013년 11월 25일 (제2013-000127호)
주소　　　서울특별시 송파구 올림픽로 35길 104 15-501
전화　　　02 3431 0179
ISBN　　　979-11-951596-1-1